JN066389

LES FAVORIS DE LA REINE:
DANS L'INTIMITÉ DE MARIE-ANTOINETTE

マリー・アントワネットと5人の男

宮廷の裏側の権力闘争と王妃のお気に入りたち

上

エマニュエル・ド・ヴァリクール
ダコスタ吉村花子［訳］

EMMANUEL DE VALICOURT

マリー・アントワネットと5人の男　上

目次

下巻　目次

凡例

〔　〕は語句の説明、補足を示す
＊訳注を示す
注番号は原注（下巻巻末）を示す

「国王に取り巻きがいるのがよいのか、あるいは王宮にこもって威厳と宮廷作法で周りを固めて姿を現すのがよいのか。これは重大な問題だ」

ブザンヴァル男爵『回想録』

マリー・アントワネットと「王妃の集まり」

「人は賑やかな都市の中でこそ、孤独を感じる」
ラシーヌ

一八世紀のフランスにおいて宮廷は国の中心であり、「都市は宮廷を真似る」と言われていた。ヴェルサイユは成功者も没落者も生み出す、規則ずくめの豪奢な権威表象（ルプレザンタシオン）*の舞台であると同時に、王族の私生活の場でもあった。彼らの私生活は舞台裏に隠れてあまり知られていないが、権力につきものの不自由な生活からの一時の解放を意味していた。ルイ一五世時代、ヴェルサイユ宮殿の公式居室**は、くつろぎや休息を重視した小部屋に分割された。ブドワールと呼ばれる部屋***は、公的生活の煩わしさを忘れさせてくれる空間であり、品のよい友情を重視した洗練の

* この場合、宮廷において王族が権力を誇示する行為を指す。例えば、公式晩餐や起床・就寝の儀、豪奢な衣裳など

** アパルトマンとも。寝室、控えの間、サロンなど一連の部屋からなる空間

*** 主に婦人用のプライベートな部屋。小ぶりながら洗練された空間

一八世紀ならではの数々の特徴を備えている。金銀は爽やかな色彩に取って代わられ、場所ふさぎの重厚な家具は姿を消し、軽やかなフォルムの家具がほっとさせてくれる。

上昇志向の強い貴族やブルジョワたちも「宮廷を真似」ようと心を砕き、来客のための公的居室と、親しい人と過ごすための私的居室――ここで言う「私的」は「気の緩み」とは決して同義語ではない――の両方をしつらえた。一八世紀はサロン文化が花開いた時代であり、一九世紀の歴史家ゴンクール兄弟によれば、サロン文化の影響は緩やかにではあるがヴェルサイユの影を薄くしていったとされる。サロンという言葉は、貴族たちの洗練された生活様式や、皮相な社交界の娯楽、知的・文学的・政治的な交流における半ば理想化された優雅さなどを連想させる。サロンには、人を喜ばせる完璧な技術、細やかな心配りや思いやりある振舞い、敬意や配慮の奥義があった。フランス貴族は私生活で格調高い作法を守り、細部に至るまですべてを演出し、その卓越した手腕はヨーロッパ中の称賛の的となった。イタリアの評論家ベネデッタ・クラヴェリの言葉を借りれば、「シルクと金と鏡からなる舞台装置における、演劇のような洗練された演出で、男女問わずこれに参加し、自己規律、名役者のような巧みさ、素早い反射能力、如才なさ、明朗さ、機知、すなわち典型的フランス人の数々の特徴が求められる[1]」。社交術がこうした完璧の域に達したことはかつてなかったが、衒学的なところやもったいぶったところは一切ない。ごく自然で流れるような立ち居振舞いは、こうした洗練には何年にも及ぶ努力が必要であることを忘れさせる。

＊＊＊

王族たちは公式な世界と私的な世界の差異を楽しんだ。彼らの一挙手一投足に注がれる羨望のまなざしに対し、曖昧さや神秘性を保てるからだ。ルイ一四世以降宮廷人の数は増え続ける一方だったので、こうした差異はさらにエスカレートした。貴族は貝殻に張り付く牡蠣のように宮廷にへばり付いている、という有名な表現もある。[2] 大多数の宮廷人たちは王族たちの私的な集まりに呼ばれることはなく、そうした集まりは多くの人々の幻想を刺激した。シャトーブリアン＊の言葉を借りれば、「歴史が広げて見せるのは表側だけ」で、隠された部分への想像力をかきたてる。ヴェルサイユの生活は王族を中心に回っていて、さながら古代イェルサレムの神殿のごとくいくつもの中庭に人々が集まり、押し合いへし合いしながら、大神官だけに許されている至聖所＊＊を取り囲んでいるかのようだ。フランス宮廷も儀式をもとに構成されている。そうした儀式は王権を神聖化して目に見えるようにし、王族の寵臣たちは王室という神殿で行われる典礼を司る大神

＊ 一八－一九世紀の小説家で、ロマン主義に多大な影響を与えた
＊＊ 旧約聖書に出てくる契約の櫃の置かれた場所

官のような役割を担っていた。

ルイ一四世は君主の栄光を高めようと、国王の公的な権威表象を息が詰まるような無数の細部に変容させたが、自由への執着から、私的生活には細かな規定を設けなかった。自らの担う表象という役割を注意深く検討しつつ、私生活を頑なに守った。公式愛妾もいれば非公式愛妾もいたが、決してすべてを明るみに出すことなく、中には自分のライバルが誰なのかはっきりと知らないまま、競争の不安に苛まれていた愛妾もいた。曾孫ルイ一五世はヴェルサイユに数々の「小居室」と「小さな（プティ）」トリアノンを作らせた人物で、私生活という点では曾祖父に勝るとも劣らないこだわりを持ち、感情や私生活を隠す達人だったと言われている。彼は少数の親しい者たちとの私的生活を愛した。国王の真の姿に触れることができるのは限られた者たちだけだ。この観点からすると、ルイ一六世の即位は一つの断絶ととらえることができる。ルイ一六世は親しい関係というものを必要とせず、友人も取り巻きも愛妾もいなかった。彼にとって「私的」とは孤独であり、本や想像上の旅や手作業があればそれでよかったからだ。幸運なことに生まれつき退屈とは無縁で、一人でいるときが最高の時間だった。

こうしてヴェルサイユを治めた歴代国王の傍らで、王妃たちにさしたる重要性はなかった。彼女たちの存在意義は国王の妻、母であることに尽きる。サリカ法典が支配する父権制国家において、王妃たちは女性の美徳を象徴しており、国民の意識の上では王は強い存在、王妃は善良な存在だった。一六六〇年に従兄弟ルイ一四世と結婚したマリー＝テレーズ・ドートリッシュは、強大な権力を持つ王の妻としての役割を積極的に果たそうとはしなかった。これほどの男性となると、その妻の立場もなかなかに難しく、結婚後間もなくサン＝ジェルマン＝アン＝レー宮殿、次いでヴェルサイユ宮殿の居室にこもりがちになった。横になるかお菓子を食べるばかりで半ば肥満になり、スペインから連れてきた小人症の従者たちに囲まれ、ハレムのような生活を送った。正しいフランス語を学習しようとはせず、強いスペインなまりと怪し気な文法で話す彼女が宮廷で確たる位置を占めたり、ましてや自身の宮廷を持ったりすることなどできるはずがなかった。

一七二五年、不遇をかこっていたポーランド王女マリー・レクザンスカに幸運の女神が微笑み、計算高いブルボン公爵とその愛人プリ侯爵夫人の根回しが功を奏して、ルイ一五世妃となった。彼女は優美で頭もよかったが、夫の陰に隠れ、ポーランドを追われた自分を救ってくれた彼に感謝し続けた。生来のおとなしい性格に加えこうした強烈な劣等感が原因で、彼女も結婚後間もなく宮廷生活と距離を置くことになる。一〇人の子を産み、体力も衰え始めると、地味で心優しい王妃は血気盛んな夫が来ても寝室の扉を開けようとはしなくなった。イエズス会の影響を強く受け、少数の敬虔で謹直な宮廷人に囲まれ、生活は信仰と慈善事業一色に染まり、国民からの尊敬を集めた。「信心家（デヴォ）」と呼ばれるこうした一派は宮廷で何らかの影響力を持とうとしたものの、結果的にはほとんど無為な存在に等しかった。

ルイ一四世妃もルイ一五世妃も宮廷作法の定める生活を送り、作法を避けようにも彼女たちの人間性はほとんど無視されていたため、公的生活と私的生活を分ける手段を一切持たなかった。絶えず人に囲まれ、監視され、見張られていては、お気に入りの者たちと親密な関係を築いたり、ましてや愛人と楽しんだりすることなどできるはずもない（彼女たちが愛人を求めていたとはあまり考えられないが）。権威表象のメカニズムの一つと化した王妃たちは、あらかじめ定められた規範から離れて自らの女性性を主張することなどできなかったのだ。

こうしてフランスでは一〇〇年以上にわたり、王妃たちの個人としての人間性はなおざりにされ、ルイ一四世やルイ一五世の愛妾たちが宮廷やパリで幅を利かせていた。結果的に、王妃たちは二番手に甘んじていた。ルイ一四世の愛人だったラ・ヴァリエール夫人、モンテスパン夫人、マントノン夫人、ルイ一五世の愛人シャトールー夫人、ポンパドゥール夫人、デュ・バリー夫人（これですべてではないが）は陰の王妃とも言うべき役割を引き受け、人々の印象や世論に大きな影響を与えた。彼女らこそ真のヴェルサイユの王妃であり、国王の心を支配し、中には芸術、モード、建築、時には政治さえ左右した女性もいる。

オーストリア女帝マリア＝テレジアの幼い娘マリー・アントワネットがフランスへ輿入れした

当時、この婚姻は重大な政治案件であった。母マリア＝テレジアにとって、フランスとの同盟は大きな賭けであり、従来の友好国は激しく動揺した。一七五六年五月一日に締結したヴェルサイユ条約により、オーストリアは神聖ローマ皇帝カール五世時代からの天敵フランスと手を組み、同盟関係を激変させた。今回の婚姻はこの新たな同盟の具現化だ。だが、宮廷の誰もがルイ一五世の政見を支持していたわけではない。王女たちからして反対で、ストラスブールへ新王太子妃を迎えに行くある士官が、出発前にルイ一五世四女アデライード王女に指示を仰いだところ、「ムッシュー、私でしたら、オーストリア女*を迎えに行けなどという指示だけは出したりしませんわ！」と手厳しく返された。

このことからもわかるように、幼いマリー・アントワネットの当面の課題は、人々に気に入られることだった。幸い、彼女の性格はこうした課題に向いていた。成婚当初こそ慎重で控えめだったが、数々の言動から考えると、精彩を欠く代々の王妃たちのように屈辱的と言えなくもない役割に留まるつもりはなかったようだ。啓蒙思想の勃興と共に時代も変化を遂げ、サロンだけでなく科学やアカデミーや文壇やフリーメーソンにおいてさえ、男女共生の兆しが見え始めていた。一八世紀最後の二五年間において、女性たちは社会風俗への進出を果たしたのだ。だが、フラン

＊ フランス語でオートリシェンヌ。雌犬を意味する「シェンヌ」にかけた悪意ある呼び名

ス王妃をこうした女性たちと同等に見なすことができるだろうか。答えは否。王妃は旧世界に属しており、そのまなざしは過去に向けられているからだ。マリー・アントワネットもこの点を思い知らされることになる。普通の女性には許されることも、王妃には許されない。どの女性王族と比べても、マリー・アントワネットほど公的なイメージと私的なイメージが曖昧に交じり合った人物はいなかった。

彼女の登場により、それまで主役同然だった公式愛妾や権勢を誇っていた宮廷女性は姿を消す。過去の影の薄い王妃たちとは違って、マリー・アントワネットは優雅で朗らかで善良で誇り高い。表舞台に立ち、ルイ一五世の最後の愛妾デュ・バリー夫人との対立も辞さなかった。移り気なフランス人たちは、オーストリアからやってきた少女の欠点にも長所にも魅了された。フランス人のお眼鏡にかなうような若い王太子妃を探そうと思っても、彼女以上の適役はいなかっただろう。だが運命は思いもかけない方向へと進み、その人気が不幸を呼び、その魅力が反感を引き起こすことになる。

＊＊＊

マリア＝テレジアはウィーンを出発前の娘に、ベリー公爵ルイ＝オーギュストとの結婚によりオーストリアに次ぐ偉大なる国の王妃になること、自らの地位を確保する必要があることを説いた。フランスを治めるのは国王だが、妃も巧みに国王に影響を及ぼすことができるし、故国の国益をおろそかにしてはならない。ヴェルサイユ宮廷もこの点は想定しており、宮廷に仕えるアデマール伯爵夫人は「即位と共に、王妃が国王のお考えに影響を及ぼすだろうことは予想されていた。周囲の者たちは、その恩恵を受けて権力の最良の部分を手に入れることができると考えていた」と書いている。目下のところ、わずか一四歳半の皇女は母から何を期待されているのかはっきりとはわからないながらも、自分が文字通り王妃になることは理解し、母を幻滅させるようなことはするまいと決めた。彼女はこうした心意気を胸に――フランス側の事情を全く知らないまま――、百合の王国*へと旅立った。行く先々ではまるで夢の中のように、喜びにわく民衆から拍手喝采を浴びた。自らの運命に気後れしないと言えば嘘になるが、花に囲まれた生活を夢見る皇女は驚嘆せずにはいられなかった。

彼女の純真な初々しさは人々を魅了し、人気の的となった。人を知るには、その行動に目を向けねばならない。マリーには、自然な快活さと激しいまでの率直さがある。彼女は人を喜ばせたい、熱狂したい、ひたすら楽しみたい。ようやく思春期に達したばかりで、体もまだ成長しきっていないが、その存在は宮廷に新風を吹き込んだ。歴史家ピエール・ド・ノラックも記しているよう

* 百合はブルボン朝の象徴

に、「亡き王妃や王女たちは影が薄かったが、彼女は、若さや明るさや喜びが、国王の心を勝ち取った愛妾の専売特許ではないとヴェルサイユに示す優れた一例だった」のだ。彼女の陽気さは、それまでルイ一五世の権高な王女たちが不機嫌に振舞っていたヴェルサイユ宮廷に大きな変化をもたらした。よく言われるように、マリーの軽はずみな行動は若さと性格のみが原因ではない。彼女が善良で、すべての人たちに親切にしたいと望んでいることは明らかだった。ルイ一五世もそうした人柄に心動かされ、コンピエーニュで初めて会った直後には「快活でやや幼い」と述べている。彼女はその後も、この「幼さを残した女性」として振舞うことを楽しんだ。ブルゴーニュ公爵夫人がルイ一四世を若返らせたように、[3] マリーもルイ一五世の若さを呼び覚ました。彼はマリーの軽やかな薄布のドレスを気に入り、「まるでマルリーの庭園のアタランテのようだ」と評した。* ルイ一五世を相手に、彼女は初めて自分の魅力を無邪気に発揮して楽しんだ。フランス到着から数日後の母への手紙には、「国王陛下は大変親切にしてくださいますし、私は心からお慕い申し上げております」とある。国王からすれば、マリーは疎ましい老いを忘れさせ、放蕩の癒し難い憂鬱を晴らしてくれる。彼女は自分に人を喜ばせる力があることを発見して、目を輝かせた。誘惑にかけては手練れを自任していた老国王のまなざしを見ればわかる。

　彼女は意図していなかったが、そうしたみずみずしさは激しやすく情にもろいフランス国民の

* マルリーはヴェルサイユ郊外の国王の別邸。アタランテはギリシャ神話に登場する勇敢な女狩人

心をもつかんだ。フランスに到着したマリーには、王族が幼い頃から叩き込まれてきた、大衆との間に横たわる越えられない溝のようなよそよそしさや冷ややかさはなかった。それどころか、人のことともなると自分のことは後回しにしてでも、細やかな心遣いを見せた。優しい言葉をかけて相手を喜ばせ、心をつかむことを楽しんだ。しかもそこには一片の偽善もない。生来彼女は率直で、嘘やもってまわった振舞いには向いていなかった。当意即妙の才があり、状況を的確に判断する力がある。例えば一七七三年のある朝、王太子があたふたと妻の部屋に来てうれしそうに、今まで個人資産から年金を支給していた者が他界したので、その遺産二〇〇〇エキュが入ることになったと語った。マリーは静かにこう答えた。「その方に遺産を必要としている未亡人やお子さんやご両親がいらっしゃらないか、確認されましたの?」。重要な点を妻から指摘された王太子はしょんぼりと部屋を出、情報を集めて、遺産を必要とする遺族に年金を支給すると同時に、妻の美徳を広く喧伝した。

ルソーの影響を受けた一八世紀の人々の例にたがわず、マリーも情にもろく、同情や不安から涙することもしばしばだった。同時に気前のよい慈善家でもあり、親切心と思いやりを忘れなかった。弱者の状況に心痛め、義務や強制から善行をするのではなく、苦しむ人に心から同情し、正義のためなら喜んで力になろうとした。父方の祖先には善良王と呼ばれたルネ・ダンジューがおり、彼女自身も祖先の異名に恥じぬほど熱心に慈善に取り組んだ。王族たちにはミツバチのごとく奉公人がついているが、そうした者たちにも横柄な態度を取ることはなかった。これは王族としてはごく珍しいことだ。

ヴェルサイユは単なる王宮のみならず、小さな町であり、遊歩道や広場があり、宮殿の通路や大階段の踊り場にまで店が進出していた。マリーの兄ヨーゼフ二世は、ヴェルサイユ訪問時、ルイ一六世に向かって「陛下のお住まいは王宮というよりもトルコのバザールですな！」と言ったという。大共同棟(グラン・コマン)と呼ばれる建物は、各王族の奉公人団(メゾン)で働く六〇〇〇人もの人々を収容していた。ブザンヴァル男爵は「彼女は人の不幸にすぐにほろりとし、機会があれば進んで彼らを守り、助けていた。繊細で情け深い魂を持ち、なかなか同時に目にすることのない二つの徳を併せ持っていた。人助けが好きなこと、自分の善行に満足することである」と記している。

治世末期のルイ一五世は、浪費と国民との距離が原因でもはや親しまれることも尊敬されることもなくなっていた。王太子は優雅とは言い難く、内気で見栄えがしない。そんな中、マリー・アントワネットは人々の心をつかんだ。心が嘘をつくことは稀だ。けれども時に人は心に逆らうこともある。*

王族の狩りでは、たびたび王太子妃の真摯な思いやりを示すような出来事が起こり、新聞は競

* ディドロの言葉のもじり

って報道した。コンピエーニュでは、彼女は狩りの終わりに猟犬たちに餌をやるために、馬車が小麦畑を横断するのを禁じた。そんなことをしたら収穫物が荒らされ、損失が補われることなどほぼないからだ。また一行の一人が怪我を負ったときには、自ら手当てを指図し、その後も外科医を送って回復状況の報告を受けていた。義妹クロティルド王女と狩りからヴェルサイユへ戻る途中、御者が馬車から落ちて馬に轢かれたときには、それ以上馬車を進めようとせず、自ら手当てし救助を待った。救助は一時間半後にようやく到着した。王太子妃がなかなか帰ってこないことにやきもきしていた宮廷は、目撃者から事情を聞き仰天した。こうしたことが起きても、彼らは無関心だからだ。

フォンテーヌブローでの狩りでも、王太子妃の美徳が発揮された。あるブドウ栽培者がシカに襲われた。彼は妻に会いたいと希望し、彼女はすぐさま馬車を全速力で走らせて妻を迎えに行った。藁ぶき屋根の家に着くと、すでに訃報を知らされていた妻をなぐさめ、子どもたちと共に馬車に乗せて哀れな男のもとへ向かった。人々はこの出来事を知って驚愕し、沿道に集まって彼女が宮殿から出るや拍手喝采を送った。その後も彼女の心優しさは変わらず、のちに限られたお気に入りの者たちとの友情においてもその寛大さが証明されることになる。若き王太子妃は生来、善意にあふれていた。これは一八世紀人としては珍しいことだ。一五歳の誕生日には、善行を喜ぶ母から「あなたはヴェルサイユに範を示さねばなりません。そしてあなたは完璧にこれをこなしました。神はあなたに多くの魅力と優しさと素直さを与えてくださいました。あなたなら誰からも愛されるはずです。これは神の恩寵。それを大事にしなくてはいけません」との手紙が届いた。マリーは母の助言にいつも耳を傾けていたわけではないが、王妃になっても弱者への親切心を忘れることはなかった。ティリー伯爵曰く、「王妃は大切にしている者たちを極めて親切に遇した。彼女は奉公人たちから慕われていた」。人は愛されていると感じれば感じるほど、親切になる。

特に自分が庇護している者たちへの好意は格別だった。彼女の乳兄弟でヴェルサイユに移り住んだジャック・ウェベルは次のように記している。「私は彼女が男女を問わずあらゆる地位、年齢の者に善行を施しているのを目にした。ある者のためには相応の年金を取り付け、先祖をたどる者には道を示し、母親たちの願いや献身的な夫婦、親を思う子ども、兄弟を愛する者たちの声に耳を傾け、結婚を成立させ、子どもを養育し、引見を許した。引見はそれ自体が善行だ。というのも、引見での彼女はあらゆる感情を受け止め、様々な説明を共有し、依頼を叶えるためのあらゆる手段を模索し、障害を打破できないときにはその埋め合わせを検討したからである」。それ自体はいいことだが、結果は十分には伴わない。残念ながらこうして自己愛がほんの少し満たされれば、虚栄心は満足してしまう。彼女は物事を全体的に見る力を欠いていた。バランスの取れた行動が必要とされるときにも、自らの率直な声に従う。そうして気付かぬうちに民衆を救うヒロインになると同時に、自らがもたらす幻影や夢によって危険な道へとはまり込んでいくことになる。

王太子妃時代の彼女は、娯楽への並外れた執着を見せたり、取り巻きたちの僭越な要求に屈したりすることはなかったし、教育――残念ながら退廃したヴェルサイユで打ち切られた――の欠如を感じさせることもなかった。母親譲りの勇敢さを生かして、偉大な人格を育てることもできたはずだ。だがそうした芽はフランス宮廷で摘まれてしまった。元イエズス会士のデノワイエ神父は、修道会廃止が*原因で刺々しくなってしまった人物だが、王太子妃の人格が徐々に変化するのを目にした。「すべての王妃はルイ一四世妃やルイ一五世妃を手本にすべきだ。彼女たちは慈善以外に興味を持たなかった。ここに一人の女性がいる。移ろいやすさで有名な国に、彼女は急展開を巻き起こそうとしている。人々は彼女に未来の栄光や娯楽のことばかりを話し、大地をその足元に差し出し、享楽へと誘い、富は彼女の意のままだ」。情け容赦ない言葉だが、事実を突いている。正しいと言ってもいいかもしれない。ルイ一五世の他界した週に彼女が母に送った手紙にはこうある。「神は私が今占めている地位に私を生まれさせせましたが、ヨーロッパでもっとも美しい王国のためにお母様の末の子である私をお選びになった天の配剤に、私は驚嘆せずにはいられません」。こうした環境では、年齢以上の理性がなければのぼせ上がってしまう。

宮廷という閉じられた空間には、策謀と破滅的腐敗が満ちている。時に真実を語るのは苦しい

* イエズス会は一七七〇年代にローマ教皇により禁じられた

が、嘘となるとどれも耳に快い。宮廷の退廃した空気は体制の信用を貶め、モンテスキューは「腐敗した王政とは国家ではない、宮廷だ」と述べている。マリーは昼も夜も監視されることを苦にし、受け取った書簡は読後ほとんど破棄していた。合鍵を信用せず、寝ている間にドレスのポケットから鍵が抜き取られやしないかと気が気でなかった。夫との会話は周囲に筒抜けだし、ヴォギュヨン公爵*が扉に張り付いて聞き耳を立てていたのを目撃したこともある。周囲が自分たちの私生活を踏みにじって、王太子が自分に反感を持つように仕向けているに違いない、そうマリーは考えた。人間はリンゴのようなもので、たくさんあると腐ってしまう。宮廷にはあらゆる種類の腐敗がはびこり、少しでも失敗しようものなら中傷される。不満を持つ者や自尊心を傷つけられた者は、極めて辛辣な噂話で溜飲を下げる。マリーはこうした偽りと中傷と毒だらけの雰囲気を嫌い、ごく内輪の生活に逃げ場を求めた。それが原因で逆に、自分が避けようとしている憎悪と中傷を巻き起こすことになろうとも知らずに。

ルイ一五世妃マリー・レクザンスカは二年前に他界していたため、ヴェルサイユに到着したマリー・アントワネットは、わずか一四歳半にして女性としては最高の地位に就いた。宮廷生活は彼女の二つの欠点を助長した。人を喜ばせたがる性癖と、出自についての自負である。彼女は追従に乗せられてのぼせ上がり、現実を忘れた。こうした追従者はたいてい打算的だが、彼女は彼

---

* ルイ一六世の教育係

らに下心があろうなどとは想像もせず、身を守る手段さえ持たなかった。オーストリア大使メルシー＝アルジャントー〔以下メルシー〕は、厳格で融通が利かない大カトー[4]のような人物だったが、王太子の結婚から二年後に次のように記している。「このところ王太子妃は誰かを庇護したり推薦したりするよう、言いくるめられるがままになっております。そうした者たちの目的は往々にして不適切で、不当で、大臣たちの仕事を妨げるような内容です[5]」。さらに深刻なのは、宮廷人のへつらいが寛大な王太子妃を「甘やかされた子ども」に変えてしまいかねないことだ。事実、彼女は怒りっぽく強情になり、忍耐力を欠くようになった。はじめのうちこそ栄光に陶然としたが、あっという間に重荷となり、今ではできる限り避けたいと思う。

こうした少女の性格をうまく利用できると宮廷人たちが気付くのに、そう時間はかからなかった。遊び好きな機知に富んだ者たちだけの小さな集まりを作り、若き王妃をおだてて、欠点を利用すること。一部の者たちは、素早く露骨なまでに目的を達成しようとした。ボンベル侯爵はこの集まりに入ろうとした一人だが、日記にこう書いている。「裕福な町民（ブルジョワ）の格言では、はしゃぐ人がいればいるほどますます陽気になると言うが、これは宮廷には当てはまらない。宮廷では、人が多ければ多いほど不都合が生じる」。彼らの目的は王妃を宮廷から引き離し、友情と影響力を独占して、限られた者たちだけで利用すること。言動が浅はかで王妃としての務めをおろそかにしがちなマリーは、格好の獲物だった。下心を持つ者たちは彼女の心をつかんで支配しようと目論み、誰もがおこぼれを狙って彼女に近づいてくる。ある者は見込みのありそうな人物を中心に徒党を組み、ある者は単独で行動した。

こうした者たちの筆頭であるゲメネ公妃はマリーに、フランスほど偉大な王国の王族たる方がほかの方々が普通に手にしている楽しみ——選ばれた友人たちの輪——を享受できないとは不公平ですわと耳打ちした。啓蒙の世紀において先入観は取り除くべき対象であり、宮廷作法が課すあらゆる束縛は時代遅れを意味していた。友人たちはさして苦労せずにこの点をマリーに理解させ、庇護者であるはずの彼女を逆に庇護しているかのような顔をしていた。特にポリニャック一派だ。友人たちの影響はすぐに表れた。レヴィ公爵が苦々しくもらした言葉は、多くの宮廷人の心境を表している。「気まぐれや陰謀で選ばれた幾人かのお気に入りを除いて、すべての者は締め出された」

地位、官職、敬意、高貴な出自などは、もはや王族に近づくための最短の近道ではない。マリー・アントワネットはそれまでの宮廷社会にはなかった新たな概念を持ち込んだ。すなわち「王妃の集まり」だ。この集まりは限られた者にしか許されず、そこに入るための基準は、王族との密接なつながりという客観的なものではなく、王妃の酔狂だけだ。競争相手を排除して生き残ることができるかどうかも、重要な要素だった。アデマール伯爵夫人は、「王妃のごく内輪の集まりに入ることができる者は大変な幸せを味わっていた。私たちが手にしていた幸福を、人々は喉から手が出るほどうらやんでいた」と書いている。以降、マリー・アントワネットはそれぞれの集まりに応じて、振舞いを変えるようになる。宮廷の大謁見ではまるで彫刻のような不自然で近寄り難い美しさを見せ、内輪の集まりでは軽やかに愛嬌を振りまく。ティリー伯爵も「彼女には二つの歩き方があった。やや早足のしっかりした気品ある歩き方と、より柔軟でバランスの取れた、愛撫と言ってもいい歩き方だ」と述べている。彼女の敵たちにとって、こうした両面性は王妃としての務めをおろそかにしていると糾弾するのに格好の材料だった。

こうして徐々に形成された特別な集まりは、フランス革命に先立つささやかな「革命」だった。この革命の影響は表面的で取るに足りないかのように見えたが、ほどなくして宮廷中そして王国中、いやフランスを超えて広まり、誰も予測できなかった政治的変化を及ぼした。サルデーニャ大使ヴィリ伯爵の公用文書は、「王妃の軽率で一貫性のない性格」や、「浪費や娯楽に駆り立てようと」画策する取り巻きたちに言及している。「王妃は若者の一派に内殿への出入りを許しましたが、こうした者たちは軽薄さや浅はかさ以外何も持ち合わせておりません。大貴族たちも宮廷も、いえ国中の者たちがこのことに不満を募らせています」。ルイ一六世の即位当時、ヴィリ伯爵はローザン、ブザンヴァル、コワニーといった王妃のお気に入りたちについて次々と記録している。「女帝〔マリア＝テレジア〕はこうした騒ぎに懊悩し、国王陛下抜きでパリでもっとも評判の悪い者たちや若者たちばかりと行動される魅力的な王妃を叱責している」

ポリニャック夫人に向けられた非難も主に同じ論調で、彼女は王太子妃時代のマリーと知り合いではなかったものの、王妃と友人関係を築いてからは、親しい者たちと過ごしたいという漠然とした望みを絶えず刺激し続けた。ブザンヴァル男爵の断言するところによると、こうした集まりは「感じがよく誠実で、王妃を心から慕う者たち」からなる。「王妃の好意にものぼせない稀有な男女が集まり、信頼できる者たちばかりなので、内情がもれることなど一切なく、仲間内ではいささかの衝突の気配もない」。だが現実に目を向ければ、彼らはそれほど完璧でも無欲でもなく、世論を軽んじるという大きな欠点があった。

従来王家を支えてきた貴族にとって、宮廷への伺候は欠かせない務めだったが、今や彼らはこの「雑役」にうんざりしていた。見返りがなければ伺候する意味もない。一七八〇年九月には次のような考察が記されている。「宮廷に伺候する機会が減るということは、つまるところ習慣と願望を減退させることになる。国王が催した今年の祝祭でもこの兆候が見られた。当日ヴェルサイユに伺候した者は、前年と比べて半分もいなかった」。王族たちからも批判の声が上がり、義妹プロヴァンス伯爵夫人などは、自分たちにしかるべき敬意が払われていないと不満を述べた。それを聞いたマリーは、アデマール伯爵夫人に笑いながらこう言った。「お友達の地位に応じて、友情を加減しなければいけないということですわね。プロヴァンス伯爵夫人の言葉に従えば、伯爵は殿下に次ぐ方ですから、伯爵夫人は私の一番のお友達ということになります。何て愚かな言い分でしょう」。太陽の周りを回る衛星のような存在だった宮廷人たちはもはや伺候せず、当時の人々の目にはヴェルサイユ宮殿の威光に陰りが差したように見えた。前述のピエール・ド・ノラックが言うように、「ヴェルサイユ宮殿はルイ一四世の壮麗な劇場であり、洗練された趣味や教養を身につけようと、ヨーロッパ中の人々が競って詰めかけた。しかし今となってはもはや小さな地方都市に過ぎず、人々はいやいやながら足を運び、用事が済めばさっさと後にする」。マリー自身も宮殿から逃れ、友人たちとトリアノンにこもったり、パリでのお祭り騒ぎのような夜会に通ったりした。それもまた、体制に対する不信感を煽った。

マリー・アントワネットの父、神聖ローマ皇帝フランツ一世はかつて子どもたちに長く厳格な訓戒を記した――マリーは長いこと忘れていたが――。「誰と交際するかということも、微妙な問題です。交際相手はこちらの意思に反して、我々には無縁のはずの多くの事柄に巻き込むからです。（中略）子どもたちよ、とりわけあなた方のような者は、欲望を満足させよう、自分たちの望むところに引き込もうとする人ばかりに囲まれる機会も多いでしょう。これに寵愛や金銭が絡めばなおさらです」。ディドロは『君主の政治原理』において、断固とした調子で簡潔にこう述べている。「君主のもっとも危険な敵は、子を産む以外の能力を持つ妻だ」

マリーは取り巻きたちが危険だと理解した後でも、彼らへの寵愛を示し続けることがあった。

「妃殿下は楽しみを与えてくれる者の言うことを何でも聞き入れます。ある者を厚遇するかどうかの判断基準はここにあります。（中略）時によっては、分別に従うことが全く不可能な場合もございます」とメルシーは述べている。マリー自身も自分が頑なで、あらゆる反対を押し切ってでも友人を優先する傾向があることを自覚している。「私が何かしようと思ったら、決してあきらめないことはご存じでしょう。私の心ははっきりと決まっておりますので、恐れるものなど何もありません」。とりわけヴォードルイユ伯爵やブザンヴァル男爵との友情関係には、こうした欠点がはっきり表れている。彼女は彼らが自分の評判を傷つけるおそれがあることを知りながらも、遠ざけようとはしなかった。彼女にとって友情を忠実に守ることは義務であり、人を喜ばせたくてたまらない一途な性格が窺える。優しさという稀有な天賦の才を備えたマリーは、他人への親切な行いを通してこれを伸ばした。だが、人を喜ばせることを言って守れない約束をするのは危険だ。「王妃は一〇人もの人に一つの役職を約束する。結果、不満を持つ者九人と、一人の恩知らずを生むことになる」と噂されたほどだ。それでも彼女は気にも留めない。自分はしかるべき務めを果たしたと考えていたのだから。

ここで一つの疑問が浮かぶ。お気に入りの者たちには、王妃の退屈を紛らわす以外の意義があったのか？　ボンベル夫人は心優しいというよりも鋭い観察眼を持った女性だったが、わずかに嫉妬心をのぞかせながら、「かの集まりはずいぶん意地の悪い人、尊大で、途方もない中傷を辞さない人からなっていた。彼らは自分たちには他人を批評する権利があると信じていた。誰かが王妃の好意を奪ってしまうのではないかと恐れるあまり、人をほめるようなことはなく、むしろ気の向くままに激しく中傷していた」と述べている。

ギリシャ神話に登場する予言者カサンドラのように全く耳を傾けてもらえないメルシーは、嫉妬心もあってマリーの取り巻きを毛嫌いしていたため、その言葉は必ずしも客観的とは言えないが、彼らの影響を制御しきれないながらも、何とか彼女の目を開かせようとした。「私は妃殿下に、友人方がいかに巧みに重大な事柄と享楽的な事柄を混同して利益を引き出そうとしているかを説明いたしました。当地で私がたどり着いた明白な真実は一つ、君主に近づくすべての者には、策謀、野望、何らかの下心があるということです。（中略）ほぼ独占的に王妃と交流する者が少数になればなるほど、策謀は執拗となり、暴くのが難しくなり、結果的に非常に危険となります。偉大なる宮廷とは、多くの者に開かれていなければなりません。さもなくば憎悪と嫉妬が噴出し、不満や嫌悪や一種の離反へとつながります」。こうした狭い集まりに、真の意味で誠実な者がいるとは思えないし、誰よりも王妃に深い思いを寄せていたフェルセン伯爵でさえ、飛び抜けて誠実だったとは言いきれない。誰もが利益を引き出そうとした。財務総監シャルル＝アレクサンドル・ド・カロンヌも「革命前の財務総監は毛虫の群がる木に等しかった。卑しい毛虫は、養分を吸い尽くさない限り木から離れない」と述べている。フランス宮廷で生き延びようと思ったら、心はどこかに置き去りにしなければならないのかもしれない。

すべての人を喜ばせたいマリーは、王妃として大謁見に出席する努力をすると約束する。マリア＝テレジアは「あなたがヴェルサイユでの大謁見を再開されるおつもりと聞いて、大変満足しています。その煩わしさや空しさは私も知っています。しかしこれがなくなってしまったら、その影響は大謁見に伴うささいな煩わしさの比ではないほどずっと深刻なのです。ましてや、熱狂的な国にいらっしゃるあなたの場合はなおさらです」。最終的にマリーは友人の「集まり」の及ぼす悪影響を理解するが、遅きに失した。彼女は首席頭侍女のカンパン夫人にこうもらしている。「君主に気に入られた者は周囲に支配力を築き、君主ゆえにほめそやされますが、じきに彼ら自身が君主となって、国家の中に一派を形成し、独断で行動し、自らの行動への批判は本来信頼の根幹であるはずの君主に向けられるようにするのです」。自らを待ち受ける未来をこれほど的確に言い当てた言葉もないだろう。

＊＊＊

一七七〇年五月四日、マリア＝テレジアはフランスに到着する直前の娘に手紙を書いた。「世における唯一にして真実の幸福は、幸せな結婚です。私はそう確信しています。すべては妻にかかっています。妻が温和かどうか、愛情深く、愛想がよいかどうか」。夫についての言及は少ないが、マリー・アントワネットの結婚生活は母が言うほど簡単ではなかった。

結婚生活がうまくいっていたら、マリー・アントワネットの周りに取り巻きが入り込む余地などなかったかもしれない。結婚後数年間、王太子妃は妻でもなく母親にもならなかった。王族の結婚生活が複雑なのは、今に始まったことではない。婚姻といういわば「接ぎ木」は、よい結果をもたらすこともあれば、逆の場合もある。今回の婚姻では接ぎ木は定着しなかった。鯉とウサギの結婚と言ってもよい。政治的政略結婚とはいえ、気質も性格も教育もこれほどかけ離れた男女が結ばれることも珍しく、彼らほど思考、感情、肉体の本能的な不一致に立ち向かい、嗜好の食い違いを克服せねばならなかった夫婦も少ない。

この婚姻はルイ一五世とマリア＝テレジアが取り決め、ショワズール公爵の仲介により実現した。長きにわたるブルボン家とハプスブルク家の覇権争いに終止符を打ち、一七五六、五七、五九年に調印された条約を確実にすることを目的としていた。外交を左右するのは道理だ。特にそれが国家間の和平を左右する場合は。国家の道理に従って、ルイ＝オーギュストとマリー・アントワネットは愛し合う――少なくとも結婚する――ことを余儀なくされた。当時の流行歌は「ユリと鷲の交尾」と歌ったが、確かにそれほど複雑な利害が絡んでいた。結婚生活の成就という問題一つとっても、二人の若者の人間としての関係の難しさを物語っており、当時の多くの人々が感じていたこの政治同盟の不自然さの表れとも言えた。こうした印象は、成婚早々に起こったルイ一五世広場*の衝撃的な事故によりさらに強まった。成婚記念の花火の最中に事故が起こり、群衆がパニックに陥って一三〇名以上もの人が圧死したのだ。古代の人々なら、凶兆だと言っただろう。

当時の社会ではなお迷信がはびこり、この結婚を壊そうと怪し気な手段に訴える者もいた。例えば歴史家ゴンクール兄弟によれば、一七七一年、マリー・アントワネットの結婚指輪が紛失した。おそらく身支度の際に外したのを、奉公人の誰かが盗んだのだろう。居室を隅から隅まで、床の寄せ木の隙間まで徹底的に探したが見つからず、結局別の結婚指輪が新調された。それ自体はさほど重要な出来事ではなかったが、一七七八年の長女マリー＝テレーズの誕生後、パリのマドレーヌ教会の司祭から驚くべき言葉を添えた小包が届いた。「秘密厳守の告解で、この指輪を渡されましたので、陛下にお送りいたします。告白によれば、指輪は陛下が身ごもられないよう、呪いをかけるために盗まれたとのことでございます」

のちに革命で国王も王妃も処刑され、その夫婦関係は半ば伝説化する。成婚当時、夫婦関係に関する数多くの資料が作成されたが――中には空想に偏っているものもある――、それでも大部

* 現在のパリのコンコルド広場

分は謎に包まれていた。リーニュ大公は一時王妃のお気に入りの一人だったが、貴族社会における結婚制度の偽善を指摘した。彼は、女性は慎み第一に育てられ、一族の利益の犠牲になるとして、女性に課される枷を痛烈に批判した。「私は良識を愛するあまり、その仮面を嫌悪する。男性を正面から見たり受け答えしたりしてはならない、自分はどうやって生まれたのかと聞いてはならないと娘に教え込んでおきながら、二人の法律家があちこちに刺繍を施した服を着た男性とやってきて、『この殿方と夜を過ごすのですよ』と言う。殿方は権利を行使する。娘は涙に暮れ、殿方は汗まみれ。二人とも仏頂面で早くも不運を嘆いている！」。この要約はある程度現実を映し出しており、当時の貴族社会でなぜ姦通が横行していたのかが理解できる。自由意思による結婚はなきに等しく、貴族たちは不倫でこれを埋め合わせようとしていたのだ。カトリック教会は一六世紀のトリエント公会議で、自由意思を結婚の必須条件と明確に確認したにもかかわらず、現実は理想からかけ離れていた。

　母の意思によって結婚を強いられたマリーの初夜は、リーニュ大公の描写とは異なっていた。それどころか、真の意味での初夜はなかった。新婚の妻は結婚後数年の間なおざりにされた。苦しんだと言っても過言ではない。彼女が母親になれない苦痛や屈辱を味わったという証言は数多く残っている。魅力的な妻に対する王太子の思いやりのなさは瞬く間に宮廷中の知るところとなり、棘のある言動が飛び交った。[6] 将来のフランス国王は「性的不能者（バビラン）」なのか？[7] ショワズール公爵夫人はデファン夫人に宛てて、不愛想な王太子に対する軽蔑を隠そうともせずこう書いている。「誰もが王太子殿下がお盛んであるとおっしゃいますが、貴女はお信じになりませんわね。実は私もそうです。宮廷での艶福談などあてになりませんわ」。宮廷人たちは王太子の「感覚の目覚め」などと言って、奥手の彼の無気力を揶揄していた。ルイ一五世自身もパルマ公国の王子に「我が孫は愛撫に通じておりません」「ほかの男性とは違うのです」と書いている。それは確かだろう。彼の性的優柔不断さには、政治面での優柔不断さが反映されているようにも見える。この上なく快活で、一八世紀人らしく人生の喜びを享受したくてたまらないマリーにとって、ルイ＝オーギュストは退屈な伴侶だった。結婚当初、彼が妻にほとんど言葉をかけず、愛情表現もなかったことは事実で、周囲の者は冷笑を浮かべて猥雑な話に花を咲かせた。何の因果か、フランス最後の国王は太ったブルジョワのような外見に生まれつき、お世辞にも魅力的とは言えない。縁日のレスラーのごとき力持ちで、腕を伸ばしたまま従者をシャベルに乗せて持ち上げられると噂されていたほどだった。中身も魅力的とはほど遠く、生まれつき無気力で、何らかの強い感情とは無縁と言われていた。その無関心さは喜び、愉悦、恐怖、苦痛、不安などといった感情にびくともしない。王太子妃はこの無感情な夫に一片の魅力も感じず、夫婦は完全にばらばらだった。リーニュ大公は将来のフランス国王に敬意を払いこそすれ評価はせず、王妃についてこう語っている。「実際のところ、最良の、しかしあらゆる人間の中でもっとも不器量な男性との結婚はしょっぱなから五〇〇名ないしは六〇〇〇名の死者を出したが、王妃が完全に幸せそうだったことは一日としてない」。王太子夫妻の結婚生活には、劇作家の喜びそうな要素がそろっていた。

烱眼のマリア＝テレジアは危険を察知し、娘に「愛撫を倍に増やすのです！」と説いた。暗礁に乗り上げた結婚生活のせいで、苦労の末打ち立てた和平が不安定になることだけは避けたい。この話は宮廷内に留まらず、王太子夫婦の円満を願う世間にまで広がった。マリーは夫に対して愛想のよさを崩さなかったが、こう書いている。「王太子殿下はいつパリを訪問されてもご立派でした。私たちのよき愛情により、民衆の心をつかんだと申し上げてもよいでしょう。公衆の面前で私に口づけなさったと言われているのも、そのためかもしれません。実際のところ、口づけはなさらなかったのですが」。感情的でロマンティックなフランス人は、将来の国王夫妻の仲睦まじい姿を少しでもいいから見たいと強く望んだが、実際はそんなことは不可能だった。祖父ルイ一五世から幾度も激しく叱責されたルイ＝オーギュストは努力し、ダンスが大好きな妻を喜ばせるために個人教授まで受けた。妻を満足させようと、週二回王太子妃の女官長ノアイユ夫人の居室で開かれる舞踏会にも出席した。妻に同行して、パリのオペラ座、コメディ・フランセーズ、イタリア座にも足を運んだ。一七七三年九月には妻と共に少なくとも四回パリへ行き、大通りを散策し、彫刻家ピガルのアトリエを訪ね、ルーヴルの展覧会で絵画鑑賞し、ヴァレンヌ通りのビロン元帥の庭園を彼の甥のローザン公爵と共に訪問した。ある時から妻がずいぶんと魅力的なことに気付いたが、それでも距離は縮まらなかった。世論の注意を逸らすためにこうした外出を重ねても、夫婦関係は一向に改善しなかった。

妻はこうした状況に苦しみ、不幸な夫は自らを責めた。人は不幸には寛大だ。メルシーの報告によれば、王太子妃はたびたび涙を浮かべ、王太子も時には妻を愛撫でなぐさめた。妻に口づけして「私を愛してくださいますか」と問うと、妻は「ええ、お疑いにならないで。前にもまして尊敬しております」と答える。こうしたやり取りから心の動きはしかとはわからないが、自分たちはうまくやっていけるだろうかとの疑念と、やっていきたいという願望の両方が窺える。まだ思春期を抜けきらない二人の若者は国家の都合の犠牲にされ、愛し合うことを強要された。王妃となった暁には、彼女はルイ一六世を夫と見なしうるのだろうか。彼女が母に送った一七七五年一二月一五日付の手紙を読むと、そうした疑問がわいてくる。「神が私にお与えになった三人の兄弟（ルイ一六世と王弟のプロヴァンス伯爵とアルトワ伯爵）の中でも、夫がやはり一番好きでございます」。確かに結婚して五年半経つのに、まるで兄妹のような夫婦だった。夫が妻に愛情を抱き始めた頃、妻の夫に対する興味はとっくに薄れていた。彼の愛情は不器用で粗雑で、情感とはほど遠く、ルソーに影響されて理想化された自然に目覚めた若い娘たちの夢とはかけ離れていた。

ルイ一六世が即位すると、この問題は一層深刻となり、宮廷は不敬にも近いあざけりを隠さなくなった。不作法は中傷へと変わり、人々は堂々とルイ一六世の性的不能を話題にした。当時モールパ伯爵はルイ一五世により追放されていたが、即位したルイ一六世により宮廷に呼び戻された[8]、巷ではこんな歌が流行した。

モールパは不能だった
国王は彼に力を与えた
大臣は感謝して言った
陛下、私も陛下に同じようにして差し上げられればいいのですが、と

これほどの悪意がなくとも、結果的に国王が物笑いの種になることもあった。例えばある神父は、礼拝堂の出口でミサを終えて出てきた国王の前にひざまずき、「高貴なる血筋を守るための秘密を記した覚書」を渡した。秘密というのはマンドレイク*の根を「服用するか塗布する」というものだが、ルイ一六世は困惑を隠そうと大笑いし、王妃は無理に寛大に微笑んだだけだった。神父と覚書には、丁重にお引き取り願った。

* 地中海東部に生息する植物

これは私的な問題のはずだが、必ずしも慎み深いとはいえない多くの人々の間で話題となった。一七七六年三月のある夜のこと、数名の宮廷人が同席し、国王の内殿で夕食が供された。すっかり退屈した王妃はいたずら心から、パン屑を丸めてこっそりルイ一六世の顔めがけて投げた。ルイ一六世はこの幼稚なちょっかいにも動じず、目を丸くする宮廷人たちの前で何とか妻の気を逸らそうとした。そこで陸軍大臣サン＝ジェルマン伯爵に、戦場でこんな風に砲弾を浴びせられたらどうするかね、と聞いた。大臣は「陛下、私でしたら大砲の火門に釘を打ち込みます」と答えたが、すぐに自分の受け答えのどぎつさに気付き、顔を赤くした。あまりにもあからさまな性的暗示を含んでいたからだ。ルイ一六世は公衆の面前で侮辱を受け、王妃も屈辱を味わわされた。心というものはちょっとしたことで乱されるが、それを静めるのは容易ではない。

一八世紀は一見優雅なようでいて、こうした毒舌をいまだ愛してやまなかった。陰口、昔ながらの淫らな発言など、一七世紀の劇作家モリエールの得意としていた歯に衣着せぬ物言いは健在で、潑剌とし、生気にあふれ、上品ぶったところなど少しもない。こうした飾り気のなさや無遠慮さは、一九世紀に羞恥心が世を席巻すると姿を消すことになるが、この時点ではまだ国王といえども、民衆の卑俗であけすけな言動から逃れることはできなかった。即位後わずか六か月後の公現祭*では、何とも不作法な歌が流布した。

＊イエスの誕生時に東方の三博士が礼拝にやってきたことを記念する一月の祝日

今週皆が
我らが希望ルイ一六世にこう言った
陛下、是非とも今夜
王を当てる代わりに王妃をものにしておしまいなさい*

こうした状況の中、マリーの気まぐれはますます進み、進んで夫に歩み寄ることも少なくなっていった。一七七七年にフランス初訪問を果たしたマリーの兄、神聖ローマ皇帝ヨーゼフ二世は、単刀直入に妹の投げやりな態度を責めた。「妹よ、国王といるときには、愛想よく細やかな情を見せていますか。そうした機会に目を光らせていますか。国王が送る合図に応えていますか。国王が愛撫したり話しかけたりされているのに、無関心で心ここにあらずではありませんか。退屈そうにしたり、うんざりした様子を見せたりしていませんか。もしそうならば、よそよそしい男性があなたに近づいて愛してくださるなどとお考えですか。（中略）何としても床を別にすることだけは避けねばなりません。それはひとえにあなたの魅力と愛情にかかっているのです」。ル

＊ 祭では特別なタルト菓子の中にフェーヴと呼ばれる陶製の小人形を入れ、当たった人が王や女王になる。この人形を「当てる」と王妃を「ものにする」を同じ言葉で表した言葉遊び

イ一六世の性への目覚めは遅く、マリーの意思の欠如も夫婦生活の成就を一層難しくするだけだった。

こうした結婚状態はあらゆる社会階層から非常識と見なされ、王太子妃そして王妃となったマリーは夫から離れて娯楽へ逃避した。彼女は幼少時からの友人であるローゼンベルク伯爵に宛ててこう書いている。「私の趣味は国王陛下の趣味とは違うのです。国王陛下がお好きなのは狩りと機械工作だけ。鍛冶場では私など場違いだと容易に想像がつくでしょう。私はウルカヌスになどなれませんし、ましてやウェヌス役など演じれば、さほどおとがめにならない私の趣味よりもさらに不快に思われることでしょう*」。彼女は率直に、夫は愛情というものを嫌っているのだと述べている。この空虚を埋めるには、悲しみを忘れさせてくれる愉快な者たちと気を紛らわすほかない。だがそうしたところで得られるものと言えば、一時の気晴らしだけだ。しかも義妹のアルトワ伯爵夫人が早くも結婚後一年強にして男の子を産み、マリーはさらに追い詰められた。「喜ばしい場を白けさせないように、涙を隠しました」と綴る彼女には、母になる希望すら見えていない。頻繁に乗馬をすると非難するノアイユ夫人に、「お願いですから、放っておいてください。決してお世継ぎを危険にさらしたりなどいたしませんわ！」と激しく食ってかかったのにも、そ

---

* ギリシャ神話でウルカヌスは鍛冶の神。ウェヌス（ヴィーナス）はウルカヌスの妻で絶世の美女だったが、不格好な夫に愛想を尽かし浮気に走った

うした心理が働いていた。確かに責任はマリーだけにあるのではない。だが、彼女は押しつぶされそうになっていた。

宮廷で小姓として勤めていたエゼック伯爵は、「王妃は結婚後しばらく子どもに恵まれず、国王たる者の義務に伴う楽しみよりも狩りと勉学を好む夫に縛られていた。王妃は幾人かの若者を集めて、ご自分の集まりを作られた。そのため、不幸な王妃に激しい憎悪が向けられた」と回想している。彼の分析は的を射ており、のちに子どもが生まれると、母としての責任を自覚したマリーは無分別な行動に走ることはなくなった。乳兄弟ウェベルも「私は、まだ充分お若かった王妃が騒々しい娯楽や若気の至りから来る浪費を慎まれ、（中略）日ごとに母としての責任と務めに集中されていくのを目にした」と書いている。一七七八年一二月一九日、結婚後八年半にしてようやく、第一子が誕生した。女の子だった。

妻の振舞いに一方ならぬ責任を感じていたルイ一六世は、取り巻きたちを批判できないでいた。メルシーも「国王の態度はもっとも慎重な宮廷人のようで、王妃のお気に入りたちに進んで格別の待遇をされているほどです。その一方で、国王が彼らを嫌っていることは公然の事実です」と書いている。ルイ一六世は生まれつき嫉妬とは無縁だし、嫉妬を感じたとしても、それを表に出すことはなかった。王妃は道ならぬ恋に走っていると言う者もいたが、国王はそんなことはありえないと思っていた。王妃の髪結い師レオナールは、「長いこと、彼〔ルイ一六世〕は王太子妃の浮気の噂に耳を貸されようとはしなかった。彼は『妃殿下の子どもっぽい軽率さ』と呼ばれる言動を是認しなかったにせよ、妃の美徳が疑われようなどとは思いもしなかった。妃への信頼から、呆れるようなひどい報告を退けたが、そうした報告の原因となるようなことには気付いていた。妃は内輪の集まりの者たちとばかり過ごしていたのだ」と述べている。王妃は夫にほとんど注意を払わず、国王は言葉にこそ出さなかったものの、こうした状況に心を痛めていた。弱気を振り絞って行動を起こすこともあった。一七七七年八月のことだ。「最近国王は王妃にちょっとした教訓を示した。王妃はアルトワ伯爵や取り巻きたちと共に、芝居や夜会からずいぶんと遅い時間に帰ってくる。ある夜、王妃が帰ってくると、宮殿の正面前庭の門が閉まっていた。翌日、国王は王妃に、自分は静かに休みたいので、毎晩一一時に寝ていると述べた」。妻に面と向かって反論できないルイ一六世は、こうしてやや子どもっぽい仕返しをしたのだ。幼稚さが抜けきらないながらも、時には執拗に戒めることもあった。オーベルキルヒ男爵夫人の回想を見てみよう。「ブルボン公爵夫人は宮廷にカトガンという髪型を流行させ、私たちは皆競って真似をした。この髪型は本来男性のものだった。（中略）国王はとても嫌っていらして、いつもとは違って、嘲笑し、話題に出ると苦々しい顔をされていた。あるとき、国王は〔女性のように〕髪を束ねて王妃の部屋に入られた。王妃はお笑いになったが、国王は『マダム、ごく単純なことですよ。ご婦人方に流行をとられてしまったからには、我々男性を見分ける方法が必要ではありませんか』とおっしゃった。王妃は国王の言わんとすることを理解した。実際、男性のようななりをする流行は徐々にすたれていった」。このエピソードからも、新たに即位した国王夫妻がいかに幼かったかが窺える。

マリー・アントワネットがようやく真の意味で妻となったのは、一七七七年八月の夜のことだ。幸せに包まれながらも、親しい者にこうもらしている。「陛下が束の間でも誰かにお心を向けられても、私は悩んだり気を悪くしたりいたしません。それで一層のお力と気力が与えられるでしょうから」。国王が肉体関係にさほど熱心でなかったことをこれほど如実に示した言葉もないだろう。ルイ＝オーギュストの妻という役割は一筋縄ではいかなかった。事実、あれほど望んだ真の結婚生活が成就してから三か月も経たないうちに、マリーは夫に飽き飽きし、「お友達」との楽しみの方を優先して、夫婦の床を避けるようになった。

＊＊＊

王妃は国王に首ったけではない。それは確かだ。リーニュ大公が王妃に語ったように、ルイ＝

オーギュストはこの世でもっとも善良な人間だ。だが、魅力が感じられない。さらにたちの悪いことに、神聖ローマ皇帝の皇女マリー・アントワネットはブルボン家を中程度の家柄と見下し、夫に対して優越感を抱いていた。国王にはしかるべき敬意を払っていたが、愛しているわけでも心から尊敬しているわけでもなかった。

だからと言って、マリーが男性に心動かされなかったわけではない。夫が寝室に来る夜は、応えねばならない。いくら結婚生活が七年にもわたり失敗続きだったとしても、女性としての感性は高まっていた。それなのに満足は得られない。彼女自身、母親に率直に告白している。「私は決して怠惰なわけではありません。けれども親愛なるお母様、私の立場は大変厄介であることはご理解ください」。別の書簡には「あのように朴訥とした男性と何ができるというのでしょう」ともらしている。夫に激しい官能性が欠けていることは、マリーも早くから理解していた。ようやく本当の夫婦関係を手に入れた彼は、「悦楽はいいものです。今までずっと知らなかったのを後悔しています」と述べたが、熱中はあっという間に終わった。ほどなくして王妃から母に宛てた書簡には、「陛下は床を一緒にされることを好みません。私は完全に床が別にならないよう、陛下にお話ししております。陛下が私の寝室にいらっしゃることもあります。ただ、もっと頻繁にいらしてくださるようしつこくお願いすべきではないと思います」と書かれている。マリア＝テレジアの目には、娘の態度は少々偽善的に見えただろう。

マリーは当時の人の言うこの「重大事」を嫌悪していたわけではない。だが何年もの間、無知だった。一八世紀は礼儀正しさからの女性の解放を説いた。作家デュマの言葉を借りれば、「胸の開いたドレスから、少しずつ女性たちの慎みが霧散していった」。一八世紀末の哲学者たちはあらゆる領域における先入観を打ち崩そうとし、カトリック社会が苦労して社会的美徳にまで高めた厄介事――いわゆる慎み深さとか礼儀正しさ――から女性たちを解放した。「肉体以外、愛に快い点はない」との博物学者ビュフォンの言葉に、ゲメネ公妃なら誰よりも深く共感しただろう。[9]発展家の彼女はヴェルサイユの奥に住み、艶聞が絶えず、その自由な精神はマリーをも魅了した。フランス王家の子女の養育係だったが、国王夫妻に子どもがいなかったため、自由な時間はたっぷりとあった。彼女は王妃に恋人を見つけようと決め、かつての愛人の一人コワニー公爵に白羽の矢を立てた。公爵は寡夫で美男だったが、王妃より一八歳も年上だった。メルシーは一七七六年八月一七日付の書簡で困惑気味に、「コワニー公爵は国王付き主馬寮長で、ゲメネ公妃とあまりにも親しいと言われておりますが、今では王妃からもっとも信頼を寄せられる廷臣の一人と目されております」と書いている。ただその信頼が愛に変わることはなかった。洗練された教育を受けたコワニーは、よく気の付く優しい男性だった。ルイ＝オーギュストとは正反対だ。だが彼は王妃の愛人の地位など望んでいなかった。彼女にとってコワニーは忠実で楽しい友人であり、礼儀正しく雅やかな愛情を教えてくれた。公爵は礼節をわきまえていたため、革命までの長きにわたり王妃にひいきにされたが、後年、無欲の仮面が剝がれることになる。[10]

王妃は洗練された取り巻きたちと過ごすことを好み、国王の無為な訪問から逃れるようになっていった。夜遅く帰れば、夫はもう寝ているはずだ。七年にも及ぶ不幸な結婚生活は、後遺症を残さないわけにはいかなかった。自分の官能は鈍化してしまった。王妃は友人のランバル公妃に自分を見るような気がした。公妃は若く心優しく控えめで貞節な女性で、パンティエーヴル公爵[11]の息子、ランバル大公ルイ＝アレクサンドル・ド・ブルボンと結婚していた。しかしランバル大公は放蕩者で堕落しきっており、妻を見下していた。結婚後わずか一年で性病のため二〇歳にしてこの世を去り、ランバル公妃も夫から病気を移された。彼女は深く傷つき、未亡人になると修道女のような禁欲的な生活を送り、か弱く、何かあると気絶していた。マリーはそんなはかない公妃に心動かされ、二人は不幸な結婚生活を打ち明け合うようになった。当時、大切な「お友達」やおしゃべりを楽しむ「心の友」を持つことは流行だったのだ。

もちろん、マリーのそばに男性の存在が皆無だったわけではない。だが彼女にとって男性は自分の女性的な面を映す鏡であり、そこに映る自分の姿を楽しんだが、私生活を共有する気はなかった。実際の男性は想像していた男性像とはかけ離れていたことだろうが、想像は結婚生活の失敗と共に消えた。こうしたことは男性との関係に直接的な影響を及ぼした。マリーは恋人としてではなく、王妃として寛大に振舞う。唯一王妃という役割がある程度の重要性を与えてくれる。それでもくすぐったい気持ちになったり、恋の真似事を楽しんだりするときには、「信奉者」たちの計算をあまり気にせずに王妃として気前よく与え、彼らに真剣な関係の幻想を抱かせることもあった。彼女にとって与えることは究極の逸楽であり、そこに曖昧な点は一切ない。だが自分を与えることは決してない。それは彼女の性質にも受けてきた教育にも反するし、彼女自身の人生のロジックにも合致しない。彼女にとって、愛とは好奇心や奔放な思考の印だったのだ。王妃に忠実に仕え、紳士的であり続けたブザンヴァル男爵の観察に目を向けてみよう。「王妃に気難しいところはなく、無理を言うことはなかったが、感情に関しては不慣れだった。ポリニャック夫人と友人関係を築き、共に行動したが、そうでなければ友情というものを知らなかっただろう。ヴェルモン神父（アントワネットの読師）やエステルアジ殿は友人ではない。二人とも王妃によって作り出された人物で、王妃は彼らのことを友人というよりは自分だけを頼る所有物のように考えていた」。王妃の熱烈な擁護者である一八世紀の王党派記者レスキュールは、生き生きとした文体でこう記している。「王妃のお気に入りたちは五、六人のライバルでありながら団結力が強く、嫉妬することもなく、二〇歳の若き王妃の寵愛を受け、何にでも笑う彼女の微笑みにささやかな幸せを見出し、彼女の楽しみのためにわずかばかりの出費をしていた。（中略）多くの名が挙がっては消えていく。複数の者が同時に寵愛を受けるということは、特別な寵愛を受ける者はいないということだ。王妃の愛人として多くの名が挙がることは、つまりは王妃に愛人は一人もいないことを証明している」

より論理的に考えると、重要な二つの要素が浮かび上がってくる。当時の記録者たちはこの点を忘れがちだったため、マリー・アントワネットの親しみやすさが誇張して伝えられてきた。一つ目は出自についての自負である。マリーはヨーロッパ最強国の一つオーストリアに神聖ローマ皇帝の皇女として生まれ、華麗なことではヨーロッパ随一のフランス王室の王妃となった。そうした女性が一時の楽しみのためだけに、道ならぬ恋に走るような間違いを犯すはずがない。マリーは誇り高き女性なのだ。髪結い師レオナールはこう明言している。「マリー・アントワネットはマリア＝テレジアの娘であることを何よりも誇りにしていた。いかなる束縛をも嫌う彼女は、自分を侵害してくるような気配を感じると、自尊心をむき出しにした」。彼女もこの点を自覚していて、肖像画を制作途中の画家ヴィジェ＝ルブラン夫人に「私が王妃でなかったら、ずいぶん尊大だと思われたでしょうね」と言っている。リーニュ大公はもう少し控えめに「王妃は国王と同じくらい畏敬の念を抱かせる。人が自分自身を忘れることができないのと同様、彼女を忘れることなど不可能だ」と述べている。その誰にも侵し難い自意識は、のちの一七九三年一〇月の肌寒い朝、荷馬車に乗って断頭台へ向かう彼女を目撃した者の目にも明らかで、中には彼女の不幸な運命に同情するどころか、尊大だと断じる者もいた。

こうした自尊心は確実に、彼女の心に王者としての義務感を植え付けた。妊娠しうる年齢にある限り、愛人を作るということは、婚外子ができる可能性があることになる。また彼女の愛人と噂された男性たちが、絶対王政を熱烈に信奉する王党派であったことも重要な点だ。革命家たちはルイ一六世の次男、ノルマンディー公――のちのルイ一七世――の実の父親がフェルセンだと民衆に信じ込ませようとした。フェルセン伯爵は女性遍歴を隠すような人物ではなかったが、一七九三年には憤慨してこう書いている。「王太子を婚外子と宣言し、王妃を廃位させ、ラ・サルペトリエール監獄に幽閉すると耳にした。そんなことなど想像しえようか。こんな噂を流すような国をどう考えるべきだろう」。ルイ一六世はといえば、妻がこのスウェーデン士官を気に入っていることに気付いていたが、寛大に処していた。一七八四年に彼から義兄ヨーゼフ二世に宛てた手紙にはこうある。「うれしいことに王妃は妊娠四か月目に入ります。とても元気にしており、次男を産んで私の望みを叶えてくれるよう願うばかりです」。生まれてきたのは男の子（ルイ一七世）。国王は自分の子であることに、一片の疑いも抱かなかった。

二つ目の点は、彼女がカトリック教徒であることだ。彼女はマリア＝テレジアの厳格な道徳教育を通じて、妻としてあるべき姿を学んだ。この点、姉でナポリ王妃となったマリア＝カロリーナとは対照的で、姉は多くの愛人を作って放蕩に耽った。マリア＝テレジアはマリーを手放した一七七〇年から亡くなる八〇年まで、娘に妻として、そしてカトリック教徒としての務めを説き続け、礼拝や祈禱を欠かしていないかと絶え間なく聞いていた。[12] 娘がウィーンから出発する日も、「朝起きたら、ほかのことはさておき、誰かと話す前にすぐにひざまずいて朝のお祈りをし、魂を高めてくれるような本を読むのですよ。(中略)日中はできる限り黙想すること。特に礼拝の間はそうです」と書いている。ルイ一六世も誠実な夫で、よきカトリック教徒であり、マリーがそれまで教わってきた結婚観に合致した人物だった。あるとき王妃は、モナコ公妃の訪問を拒んでこう言った。「私は夫と別れたご婦人にはお会いいたしません」。彼女は人の心を裏切るような行為をよしとせず、女性に対する侮辱を許さなかった。サン＝プリエ〔サン＝プリ、サン＝プリエストとも〕伯爵によれば、「ある舞踏会で一人の女性が愛人からの手紙を落とし、ダンサーが拾った。ダンサーである男性は軽率にも、何人かの者にその手紙を回覧した。この過ちがもとでダンサーは王妃の好意を失い、女性は傷ついた恋する女性というだけで、王妃の気に入られた」。マリーにとって結婚の誓いを守ることは、人の心に誠実であることと同じくらいに重要だったのだ。

確かにマリーの生きていた社会では、必ずしも放埒が悪とされていたわけではなく、夫婦愛が特別重要視されていたわけでもない。ギーヌ公爵は宮廷デビューする二人の娘に、「宮廷では人々は悪徳に目くじらを立てたりしませんが、滑稽なことは致命的です」と言って聞かせた。放埓な行いは、顰蹙を買うよりもむしろ虚栄を満たす。巷では愛はすべてを許し正当化すると言われる一方、宮廷では配偶者を愛することなど悪趣味の極みとされていた。妻を愛し、他人行儀な「あなた様（ヴ）」ではなく親し気な「あなた（テュ）」と呼んでほしいと頼む夫など愚の骨頂と断じる一方、「じゃあ、あなた（テュ）、もう出て行って！」と答える妻は魅力的だとされた。当時の宮廷ではコワニー公爵とコンフラン侯爵の架空の会話が語り草になっていた。「実は困ったことがあるんだ」「おや、どうしたんだい？」「君の奥方のうちで夕食をとったことがないのさ」「ほう。僕もだよ！　では一緒に行って、共に退屈を紛らわそうじゃないか！」

こうした結婚観がまかり通る貴族社会では、そこに情愛があり恋愛の作法を完璧に守っていれば、不倫は許されていた。

教会が罪の共犯者になることもあった。例えば、オスモン夫人の聴罪司祭は「思い悩まれますな、侯爵夫人。貴女は美しい。すでにそれが罪なのです。それは許されましょうが、ここ〔宮廷〕で安泰に過ごそうと望まれるなら、ご主人から愛されていることはもっと上手にお隠しなさい。宮廷の許さない唯一の罪が夫婦愛なのですから」と言っている。ショデルロ・ド・ラクロの小説『危険な関係』（一七八二年）は、利口で目立ちさえすればすべてが許される社交界で自分を見失っていく人々を見事に描いている。現実をも超えたこの作品は出版直後から非難の的となり、ティリー伯爵も歯に衣着せず批判した。「『危険な関係』は罪深い作品であり、忌むべき人物描写である。下品さはほとんど見られず、多くの場合真実が述べられている。だが、それをしのぐ誇張や風刺があちこちに見られ、事情に通じていない者は、これこそある特定の社会階級では普通の風紀の生々しい描写なのだと思い込んでしまった。こうした流れから革命の波の一つが大海に落ち、宮廷を呑み込んだのだ。（中略）よくよく見てみれば、これは一見読みやすいが恐るべき悪徳の本だ。（中略）一言で言えば、思考という点では一級の作品だが、中身の腐った悪の権化だ」

こうした奔放な側面が原因で、歴史上、マリー・アントワネットはある意味で一八世紀の女性そのものであり、先頭を切って悪しき手本を示したと主張されてきた。過度な物欲に溺れたという点ではそうかもしれない。確かに、彼女は気まぐれに任せて贅沢を追求した。だが道徳という点では違う。当時の人々――その多くが彼女の敵――は彼女の賢明さを認めなかったし、マリーが有徳の女性だったかと言えば、そうではない。我々の知る彼女の生活は、多くの点で度を越えていた。だが彼女の性生活が逸脱していたという証拠は一つとしてない。王族の一挙手一投足が日常的に監視されていたにもかかわらず、王妃が性的に放埒だったとする証人も物的証拠も一切ない。エゼック伯爵も回想録で、王妃のお気に入りについて同様のことを書いている。「不品行とは隠されるものだが、王妃への訪問は誰もが知るところだった。王妃がフェルセン伯爵の訪問を受けていたにせよ、ヴォードルイユ、コワニー、老ブザンヴァルも同席していた。（中略）私は宮廷や王妃に近い者たちに熱心かつ注意深く質問を投げ、耳を傾け、意見を聞いたが、誰もが王妃の貞節さに敬意を示していた」

「殿方の中でもっとも愛され、愛してくださる方」、すなわちフェルセン伯爵との往復書簡については幾度となく議論され、推測が飛び交ってきたが、二人が愛人関係にあったとの断固たる主張は別として、互いを想う真摯な恋愛感情以上のものは確認できない。マリー自身噂に激しく憤り、アデマール夫人にこう述べている。「ええマダム、噂によれば、コワニー公爵やローザン公爵、ヴォードルイユ伯爵、気の毒なティリー殿、そして今はフェルセン伯爵が私の恋人だそうですわ。そうしたことはすべて耳に入っています。そのために私は、昼は悲しみ、夜はさらに苦しんでいるのです」

だからといって彼女が恋をしなかったわけではなく、彼女に恋する男性がいなかったわけでもない。フェルセンが傲慢とも言える情熱を燃やしたことは確かであり、コワニーが優しい愛情を抱いていたこともほぼ確実で、おそらくローザンにも軽率な恋心が生まれた。もしかするとエステルアジも、親切心に近い好意を抱いていたかもしれない。

マリーの好む男性像はある程度決まっていた。肝心なのは楽しいこと。彼女が求めるのは、軽薄な娯楽でも雅な恋愛遊びでもうっかりと口から滑り出た秘密の話でもいいから、とにかく自分が王妃であることを忘れさせてくれる人だ。外見も重要で、洗練や優雅さを重視し、端麗な男性を周りに置いていた。特に軍服がお気に入りで、ローザンやフェルセンはもちろんのこと、ブザンヴァルやエステルアジ、さらにはヴォードルイユやコワニーなどの軍服姿や、それに近い装いを好んだ。（エステルアジ以外）彼らは堂々たる偉丈夫で、マリーの華やかな生活風景にぴったりとはまり込み、男性らしい力強さを備えていた。美に敏感なマリーは、ドレスも家具も陶磁器もそして男性も最上のものを求める。性格の面では、父を早くに亡くし夫は気弱な性格だったためか、強い男性を好んだ。少々個性的過ぎるヴォードルイユを除いて、彼女のお気に入りの男性たちには気骨があった。その多くが戦争で手柄を立て、我こそ勝利者なりとの自負に値するだけの戦歴を誇っていた。

いずれにせよ、王妃の集まりでは表面的にであれ、宮廷人的知性よりも飾り気のなさが重要視された。マリーは、ブザンヴァルのあけすけな朗らかさ、フェルセンの控えめな高貴さを愛した。本来守るべき距離を忘れることもあり、自分の選んだ親しい者たちとの自然で陽気な関係を楽しんだ。

一七七九年三月末、王妃は麻疹にかかり、三週間四人の看護人――コワニー公爵、ギーヌ公爵、エステルアジ伯爵、ブザンヴァル男爵――と共にトリアノンに「転地療養」することに決めて、世間を驚愕させた。彼らは昼も夜も王妃の看護をするという。「お友達」ポリニャック夫人も罹患したので、王妃が退屈されてしまう、というのが表向きの理由だった。彼女が母に宛てて書いた手紙はさらに言い訳がましい。「私は陛下との滞在を避けました。陛下は麻疹にかかったことがなく、特に目下多くのお仕事を抱えていらっしゃるので、罹患すれば大変なことになります」。頭の固いメルシーは、王妃の意向を耳にして危うく失神しかけた。「私はこの愚かな計画に断固として反対いたしました。（中略）ヴェルモン神父と共に八方に手を回し、男性方が王妃の部屋から夜の一一時に退出し、朝にしか戻ってこられないようにと決めさせました」。王妃付き医師ラソンヌも、夜の看護には反対した。だがルイ一六世自身がこの案に同意したことを、メルシーも認めないわけにはいかなかった。「国王は普段から王妃の望みなら何でも聞き入れられ、今回も四名の男性が王妃に付き添われることに同意されました。しかしその同意のそもそもの原因は王妃にあり、王妃はこうしたことが及ぼす影響に気付かれていなかったのです」。もちろん王妃に仕える女官たちもいたので、名誉は守られるはずだった。悪意ある噂を立てられないよう、宮廷婦人たち――ムシー元帥夫人〔ノアイユ夫人〕やコッセ公爵夫人など、彼女の言葉を借りれば「あのあたりの女性」、つまり誘惑などとは無縁の女性たち――が夜の集まりに招待されることもあった。それでもこの内輪の集まりがどんな中傷を招いたか、口さがない者たちがいかに辛辣な言葉を吐いたかは想像に難くない。

ルイ一六世は療養中の妻に会いたがったが、マリーはトリアノンのバルコニーから姿を見せただけで、哀れなロミオは中庭から妻に話しかけるしかなかった。驚きを隠さない母に彼女はこう説明した。「私の罹患した麻疹はほかの方々に比べて一際重く、ちょうど治りかけていたところでした。今ではすっかり回復し、目にも胸にも異常はありません」。当時の楽しい滞在をエステルアジはこう回想している。「トリアノンで過ごした三週間は本当に楽しく、ひたすら王妃の健康と楽しみに集中すればよかった。心地よい場所で美しい季節に開かれる簡素な小宴、馬車での散策や船遊び。陰謀も仕事も賭け事も一切ない。自分たちが宮廷にいることを感じさせるのは、この場の華麗さだけだった」

彼女は中傷に腹を立てることもなく、時間が経つにつれ気にもかけなくなった。革命が勃発してテュイルリー宮殿で監視を受けていたときにも、支持者たちと個別に話し合いができるよう手を回したし、フェルセン伯爵と過ごした二日間はあらゆる憶測を生んだ。だが、フェルセン伯爵との「不義」についてはっきりしたことは何もわかっておらず、王妃と二人きりで時間を過ごしたのは彼だけでないことはあえて無視されている。革命中、彼女が「一般通路」と呼んだ、錯綜する秘密の廊下や階段を通って面会に来た者はほかにもいる。例えば、彼女の資産を管理していたモンテスキュー神父やロシア大使イワン・マトヴェーヴィチ・シモリンなどだ。シモリンはロシア女帝エカチェリーナ二世に宛てて、「王妃は自ら外側の扉を差し錠で閉めてから、私を寝室にお迎えになりました」と書いている。王妃はもともと気安い性格だったが、当時の情勢を考えてみれば、この距離の近さも当然と言えるだろう。

＊＊＊

王太子妃としてヴェルサイユで過ごした四年間はオーストリア皇女を、自らの魅力を充分自覚する完璧なフランス人女性に変身させた。彼女が幼さの残る女性として振舞うことを好んだとしても、もう子どもではない。後年、アブランテス公爵夫人は、「王妃は生来、エレガントな機知と趣味を兼ね備えていた。背は高くはなかったが、ほどよく均整が取れており、ヴェルサイユ宮殿の回廊を通るときには優雅な威厳にあふれ、まるで背丈が二倍ほどもあるかのように見えた。王妃の魅力を引き立てるそうした威厳は、あらゆる動きの中に見られた」と述べている。美人だったかと言えば、決してそうではない。「なかなか綺麗だ」という言葉には、さほど「綺麗」ではないという意味が含まれている。だが彼女の魅力は抗い難く、王妃としての威厳を備えていたことは確かだ。

王妃に即位した彼女は、視線だけで男性の心をとらえられることを自覚していた。ローズ・ベルタンは王妃を美しく装わせようと、レオナール・オティエは王妃の髪を華麗に結おうと、つねに頭を悩ませた（革命勃発後も王妃と緊密な関係を保ったレオナールは、むしろ「お気に入り」のカテゴリーに入る）。マリーは間違いなく一八世紀女性の中でも最上の装いと途方もない髪型を手に入れた女性の一人であり、彼女の発信する流行に宮廷中が、そしてヨーロッパ中が夢中になった。王妃が自分の楽しみのためだけにおしゃれを追求したなどという論は的外れではあるが、男性の気を引こうとしたという主張もあまりに飛躍し過ぎている。不幸な結婚生活を強いられたマリーは愛というものを知らない。だが愛こそは当時の放埒な社会における重要事であり、男性も女性も滑稽なまでに愛に夢中になった。

彼女は男性を魅了して楽しむ。兄ヨーゼフ二世でさえも例外ではなく、冷淡な気質で、妹を見くびっていたのに、「私は苦痛と共にヴェルサイユを後にし、後ろ髪を引かれる思いで妹のもとを去った。私は人生の楽しみのようなものを見つけた。そんなものはとっくにあきらめていたのだが、楽しみは私を魅了した。彼女は愛らしく魅力的だ。気が付くと妹と何時間も過ごしていた。彼女は私の出発をずいぶんと悲しんだが、しかるべき態度を崩さなかった。私は出発するのに、全力を振り絞って歩を進めねばならなかった」と書いている。居丈高で傲慢な兄にさえこう言わしめるほどだから、その魅力のほどが窺えよう。

だが、そうした率直で人をひきつける言動は王妃としての外見に過ぎない。私生活でのマリーは慎み深く控えめな女性だった。権威を表象して公衆に姿を現すことは王妃としての務めの一つだが、自らの体に向けられる視線を恐れた。週に数回の入浴では――それがまた煽情的な中傷の原因となっていた――、必ずネルの長衣を着ていた。このイギリス製の入浴着は首のところまでボタンが付いていて、足首までの長さがある。レースのついた入浴帽をかぶり、髪を中に入れていた。浴槽から出るときは、濡れた衣であらわになった体の線が同席女性たちの目に入らぬよう、大きな布を広げるように言い付けていた。

マリーは慎み深くはあっても取り澄ましてはいない。よく鏡の回廊をポリニャック夫人と腕を組んで歩いたため、レズビアンだという途方もない噂が流れたこともあった。だがいくら内輪の集まりでも、王妃が男性に砕けた態度で接することは決してなかった。そうした集まりでは宮廷のような堅苦しさはご法度で、彼女の身分を忘れかける者もいたが、彼女は王妃であり続けた。なれなれしい者は、相手がブザンヴァルであろうとヴォードルイユであろうとローザンであろうと、ぴしゃりとはねつけ、怖気づいた男性たちは腰が引けて何週間も姿を現さないこともあった。兄ヨーゼフ二世は、「彼女は完璧な徳を備え、理論的というよりも本能的に厳格でさえある」と書いている。この言葉は、一見愛想がいい彼女の真の姿を表している。

マリーは風刺画の描くような性的に倒錯した怪物ではなかったが、無垢な白鳥でもなかった。自由な恋愛を謳歌する周囲の者たちのほのめかしも理解していたし、彼らの「無分別な」会話にも目くじらを立てず、止めるときも笑いながらなだめ、上品ぶった印象を与えないようにした。あるとき彼女は、戦場で乗っていた二頭の馬のことばかり話す老元帥に、「ムッシューはどちらの馬がお好きですの」と聞いた。老元帥は「マダム、戦場であし毛の馬に乗っていたら、鹿毛の馬には乗り換えませぬ。鹿毛の馬に乗っていたら、あし毛の馬には乗り換えませぬ」と深刻ぶって答えた。話題は宮廷の二人の美女に移った。王妃はヴォードルイユ伯爵に、「ムッシューはどちらの女性がお好きですの」と聞いた。伯爵は老元帥を真似て深刻な様子で「マダム、戦場で……」と口にしたところ、王妃は「結構、結構」と叫んで一同は大笑いした。

上品ぶることのないマリーは、フランスでイギリス文化が流行すると、彼らの潔癖主義を揶揄することもあった。あるときなど、イギリス人が特定の服の名称を口にするのをはばかることを知って、皆の前で女友達をからかった。乗馬ズボンをはいたローザン公爵の引き締まった腿を見た王妃は、イギリスの友人レディ・ジョージアナ〔デヴォンシャー公爵夫人〕に、英語では半ズボン（キュロット）を何と言うのかしらと聞いた。ジョージアナはどぎまぎして赤くなりながら「小さな服（スモール・クローズ）ですわ」と答えたが、王妃は意地悪く「でも辞書には『ブリーチズ』と書いてありましたわ」と言った。ジョージアナは「マダム、そうした言葉は口にはできない（イネクスプレシブル）ので、言わないのです」と答えた。王妃はこちらへやってきたローザンに笑いながら「その魅惑的な（イレジスティブル）半ズボン、素敵ですわね」と声をかけた。ジョージアナは「マダム、私は口にはできない（イネクスプレシブル）と申したのでございます」と述べ、王妃は「あら、ごめんなさい。間違えてしまったわ。これからは、ローザンのような大柄な男性が半ズボンをはいていたとしても、魅惑的な小さな服（スモール・クローズ・イレジシスティブル）と言うようにしましょう」と答えた。その場にいた者たちは大笑いし、ジョージアナは困惑を隠せなかった。

王妃は親しい関係を好み、求める一方で、男性たちにはしかるべき敬意を強いた。ハプスブルク家の一員としての自尊心からあらゆるなれなれしさを退け、男性たちも王妃を利用しようとしていたから、あえて危険を冒そうとはしなかった。「王妃のいわゆる色事は、一人か二人の者に見せる深い友情や、女性としての一般的な愛嬌、すべての人を喜ばせたい王妃としての愛想以上の何ものでもなかった。毎日のように王妃にお目にかかれる幸運な私たちでさえ、若さや経験不足から粗相をすることはあっても、調子に乗って少しでも礼儀を欠くような者は一人もいなかった。彼女は無意識にではあれ王妃として存在し、取り巻きたちは彼女を好きかどうか以前に崇拝した」とのリーニュ大公の言葉は印象的で、マリー・アントワネットと男性たちの関係について本質的な問いを投げかけている。彼らのうち一人でも、マリーをフランス王妃ではなく女性として見た者はいなかったのだろうか、と。彼女は近づき難い人物であり、絶対王政の崩壊が始まっていたとはいえ、その神秘性は依然として侵し難かった。この問いに答えるかのように、ティリー伯爵は次のように述べている。「王妃の美しさについては何度も耳にしたが、正直に言って、私は必ずしも同意見ではなかった。だが王族である彼女は完璧な美以上のものを備えていた。それはフランス王妃としての威厳であり、一介の愛らしい女性として振舞おうとしている瞬間でさえ、それは変わらなかった」

王妃の称賛者たちの中には、滑稽ながらも憐れみを誘う者もいた。年老いたカステルノーがその一例だ。エゼック伯爵は彼について次のように記している。「王妃の魅力や愛らしさは、ボルドー高等法院の元メンバーだったカステルノー氏の心を深く揺さぶった。どんな理性をもってしても、その途方もない愛情を止めることはできなかった。しかも彼はもはや若くないのだから、奇妙なことこの上なかった。彼はひたすら王妃を目にすることを喜びとし、ヴェルサイユの回廊に入り浸っていた。いつも一人でいて、通りかかる王妃に会えるよう細かく時間を計算していた。足しげく礼拝に通っていたが、おそらく神への祈り以外の理由があったはずだ。礼拝が終わると、居室に戻る王妃を見ようと一目散に駆けていく。馬車の音が聞こえてこようものなら、階段の下で待機する。寒い季節が来てもくじけることはない。どんな酷寒も、愛する女性を一目見たいとの彼の望みを砕くことはできなかった。陰気で口数の少ない人物で、ほとんど心の内を明かさなかった。私は数回彼と話す機会があったが、話題が王妃のことに及ぶと、彼は率直に敬意を込めてほめそやすだけで、それ以上のことは話さなかった」。彼には「王妃の恋人」というあだ名が付けられ、一〇年以上もの間、このあだ名でしか呼ばれなかった。マリーは彼の存在が鬱陶しかったが、寡黙で控えめなこの称賛者を非難する理由はどこにもないので放っておいた。それでもタヴァンヌ夫人には不快そうにこうもらした。「ここ一〇年、『王妃の恋人』について黙認してきました。ああ！　あの方にはうわべの愛想というものはありませんわ。気の毒なあの方はすっかり理性を失って、とても不幸なのでしょう」。だが王妃は、空気と同じくらい称賛を必要としていた。その後、王妃の恋人は不幸な最期をたどることになる。フランス革命勃発後の一七九二年八月一〇日、国王一家が幽閉されていたテュイルリー宮殿が暴徒に襲撃された。その後カステルノーの姿を見かけた者はいない。おそらく愛する王妃を襲撃から守ろうと最後の力を振り絞り、スイス兵と共に虐殺されたのだろう。

カステルノーほど従順ではない称賛者もいた。アレクサンドル・ド・ティリーは一四歳で王妃付き小姓となった人物で、怖いもの知らずの面があった。並外れて高慢なうぬぼれ屋で、マリー・アントワネットの庇護を受けていたが、豪勢な衣裳に高額な出費をしたり、自分よりずっと年上の宮廷女性たちと公然と不品行に走ったりして、何度も王妃から叱責された。すると彼は、王妃は自分に気があるのだと周囲に吹聴して、結局は王妃から退けられた。

＊＊＊

フランスに輿入れしたマリーを公の場でエスコートした初めての男性は、二歳年下の義弟アルトワ伯爵シャルル＝フィリップだった。彼は享楽的で浅はかで、数々の浮名を流し、二つの道楽――賭け事と女性――のためには金に糸目を付けなかった。未熟な二人は共に無為な毎日を過ごした。アルトワ伯爵は決してブルボン家の優等生ではなかったが、遊び好きで色恋沙汰に通じていることでは右に出る者はいなかった。「彼は勉学よりも娯楽に詳しく、巷の噂によれば、上流社会独特の余裕があり、女性たちは彼の軽薄な愛想のよさを愛した。また、たくさんの麗しいご婦人方が彼の魅力に抗えないそうだ」。[*] 彼は愛人たちを親戚のシャルトル公爵やタレーラン大公と共有するなど放蕩三昧で、頭痛がするからと公式晩餐を欠席しては、お忍びでパリへ出かけていた。社交界の中心はもはや宮廷ではなく、壮麗なヴェルサイユに代わってパリの享楽がもてはやされるようになっていた。パリで様々ないかがわしい娯楽を追求する彼の姿は、民衆の目に嘆かわしく映った。[13] 高級娼館で遊んだり、所有するタンプル宮やルイイー通りの小邸で華やかな夕餐を催したりして、夜明けにヴェルサイユへ戻ると、マリーに彼女がまだ知らないパリがいかに楽しいか、詳細は省いて語った。王太子妃だったマリーは我慢できずに、ルイ一五世にオペ

＊ エゼック伯爵の言葉

ラ座で開かれる謝肉祭（カルナヴァル）の仮面舞踏会に王太子や義弟たちと一緒に行かせてほしいと懇願した。一七七三年のことだ。国王は承知した。オペラ座に到着するや、マリーは仏頂面の夫を入口に残し、アルトワ伯爵や現地で合流したシャルトル公爵と人ごみに交じって楽しんだ。祝祭に目が眩み、酔いしれ、朝七時に帰る頃には、宮廷よりもずっと愉快なパリに絶対にまた行こうと心に決めていた。パリ市民たちも、マリーの潑剌とした飾り気のなさに魅了された。

マリーは王妃になってからも、アルトワ伯爵の気まぐれに付き合っていた。いくらルイ一六世が妻や弟に道理を説いて、叱責しても無駄だった。尊大で軽はずみなアルトワ伯爵は周囲の者たちに、「フランスには王は一人しかいない。それは王妃だ」と言いふらしていた。こうして兄を貶めることで、義姉を危険にさらしていたのだ。トリアノンでは子どものようにふざけ、一同を徒競走や池での泳ぎに誘ったり、一等を狙って樫の木に登ったりした。自らの威厳はもちろん、王妃の威厳にも無頓着で、マリア＝テレジアはメルシーに宛てて、「娘のお付き合いしている方々の中でも、伯爵はもっとも危険な人物です」と書いている。

その常軌を逸した行動が、あまりに深刻な結果を巻き起こすこともあった。一七七七年一〇月、宮廷はフォンテーヌブローにいた。当時、暖かく快適で小ぶりな城館が人気で、アルトワ伯爵は自分の広大な居城があちこち傷んでいると不平をもらした。王妃は「あなたご自身のトリアノンを作ればよいではありませんか。そうしたら夕食に伺いますわ」と述べた。そこで伯爵は「わずか六〇日で夕食にお呼びしますよ」と答えた。そこで二人は一〇万フランを賭けることにした。アルトワ伯爵は、宮廷がフォンテーヌブローからヴェルサイユへ戻ったら、新築の城館で魔法のような夕べを催しますので、姉上もお呼びしましょうと豪語した。誰もが「ガラオール」の桁外れな賭けに興奮した。ガラオールとはスペインの騎士物語『アマディス・デ・ガウラ』に登場する伝説的英雄で、非の打ちどころのない騎士を体現している。

その後数週間、アルトワ伯爵は宮廷から姿を消した。大急ぎでシメイ大公からブローニュの森に面した領地を購入し、城を解体させ、建築家フランソワ・ブランジェに命じて豪華な別荘を設計させた。こうした別荘は青々とした葉（フィユ）に囲まれているため「フォリー」とか「フォリア」[*]とか、あるいは「バビオル」「バガテル」と呼ばれていた。九〇〇名の労働者が昼も夜も動員され、パリ市民たちは目を丸くして「おとぎ話の城」の工事を見守った。エジンバラから来訪したばかりのスコットランドの造園家トーマス・ブレーキーが造園を担当し、驚異的な働きを見せて岩窟や木立を造り上げたが、そうした人工物の裏には未開拓の荒地が隠されていた。年を取っても好奇心旺盛なブザンヴァルは、工事の状況を探って王妃に報告しようと、こっそり現場に足を運んだ。戻ってきたときの彼は驚嘆し、その話は王妃の取り巻きたちの好奇心を一層煽った。メルシーもマリア＝テレジアに詳細を報告した。「何とも途方もないことに、石材や石灰や石膏をはじめと

＊「狂気」の意もあり

する建築材料が足りず、探す時間も惜しいため、アルトワ伯爵はスイス連隊の巡察に大街道を偵察させ、こうした材料を載せた馬車を片端から差し押さえるよう命じました。彼らはその場で材料の費用を払いましたが、いずれもすでに個人に売約済みだったため、ある意味、力にものを言わせた差し押さえであり、人々の憤慨を買いました。国王がこのような軽率な行動をお許しになるとは考えられず、遺憾なことに、王妃の庇護なしにはこうしたことはなしえなかっただろうとの憶測が流れました」。王妃が公に義弟の振舞いを無謀と断じてはいても、この桁外れの浪費のそもそもの原因が彼女にあることは周知の事実だった。「しばしば妃殿下は私に、義弟の無分別な振舞いは承服し難いけれども、それを止める手立ては自分にはないとおっしゃいます。第一の点については事実ですが、第二の点については、その目的である賭けを退ければ、アルトワ伯爵の大騒動を食い止めることができるはずです」。だが王妃にその気はなかった。

約束の期限（最終的に六四日）内に天文学的な費用（一〇〇万リーヴル以上）をかけて、アルトワ伯爵は賭けに勝った。一七七七年一一月二三日、王弟の侍従が王妃のもとに、ブルーのリボンの飾られた夕餐への招待状を届けた。二五日、アルトワ伯爵は高額をかけた瀟洒な娯楽の館に王妃を迎えた。妻壁にはParva sed apta「小ぶりながらも釣り合いのとれた大きさ」と刻まれている。アルトワ伯爵は王妃を、大きな寝台が置かれ無遠慮に鏡が飾られた私室や、意味あり気なフレスコ画の描かれた中二階に案内した。あっという間に宮廷中がこの話題で持ちきりになり、王妃は楽しんでいるかに見えた。だがこれを機に、彼女はアルトワ伯爵の悪評の火の粉が我が身に飛んでくることを理解した。いくら何でも度が過ぎていて、王家の血を引く者としての態度とは言い難い。すでにもう一人の義弟プロヴァンス伯爵が自分に反感を抱いていることを知っている王妃は、これ以上敵を作らぬよう、アルトワ伯爵を完全に遠ざけることはしなかったが、徐々に距離を置いていった。だが、時すでに遅し。世論はすっかり固まっていた。メルシーに宛てた手紙からは彼女の二面性が見えてくる。マリーにとって義弟は単なる娯楽をもたらしてくれる人であり、自分はそれを利用するだけだ。一七七六年七月にアルトワ伯爵が重病にかかったときも、王妃は無関心なままで宮廷を驚かせた。メルシーへの手紙には、「私は義弟に何の興味もありません。純粋に娯楽で結び付いているだけで、娯楽以上の友情もありません。それ以上の友情を抱かせるような美点は、義弟にはないからです」とある。一七七九年五月一七日にメルシーからマリア＝テレジアに宛てて書かれた書簡の「王妃は周囲の者たちに対するお考えや、非常に健全な判断を繰り返し語られました。王妃はそうした者たちをずいぶんとひいきにされているように見えますが、実のところ大して評価されていません。彼らの影響力は、純粋な気晴らし以外の根拠を持たないからです」という一文からは、マリーの冷めた面さえ見える。取り巻きや廷臣たちに、王妃の退屈を紛らわす以上の意義はあったのだろうか。

その後もアルトワ伯爵には醜聞が絶えず、結局は嫌われ者となった。幼稚で不安定な快楽主義者、非常識な浪費家のレッテルを貼られ、人気はがた落ちになった。彼は自らの地位を過信し、自分の命令は直ちに実行されて当然だと考えていた。友人たちと室内球戯（ジュー・ド・ポーム）をしようと思い立って、ヴェルサイユの球戯場にいた者たちを退去させたこともある。公然と不作法を繰り返し、一七七八年の謝肉祭（カルナヴァル）のオペラ座の仮面舞踏会では、愛人のカニラック夫人と一緒にいたときに、親戚でシャルトル公爵の妹、ブルボン公爵夫人の仮面を引き剝がして踏みつけた。彼女の首席女官を愛人にしたことを責められたからだ。そのためブルボン公爵と決闘する羽目になった。こうした傍若無人な振舞いが重なって、かつての宮廷の寵児は、今や一身に嫌悪を浴びる身となった。伯爵があれほど傲慢なのは、王妃が彼をかばって、伯爵を罰しないように国王を説得しているからだとまことしやかに囁かれ、アルトワ伯爵をはじめとする夫以外の男性たちと道ならぬ恋に走っているとの噂が流れた。

＊＊＊

笑うことが好きなマリーは無感動な夫を誘惑するのではなく、楽しませて魅了しようとした。ハプスブルク家特有の激しい性格もあったのだろう。あるとき、夫にいたずらを仕掛けて、心の底から笑わせてみようとした。一七七四年秋、即位したばかりのルイ一六世は天然痘の予防接種を受けた。当時の予防接種は少なからず危険を伴っていた。数週間後のある朝、一人の修道女が彼のもとを訪れた。彼女は顔をベールに隠したまま、震える声で口ごもりながらこう言った。「陛下におかれましては、予防接種後もつつがなくお過ごしとのこと。お祝いの言葉を申し上げるべく、修道会から派遣されてまいりました。私どもの修道会のためにご厚意をお願いできないものでしょうか。修道会は困窮しているのです」。ルイ一六世がポケットから財布を出すのを見た修道女は、笑いを抑えきれず噴き出した。国王は修道女が乱心したのだと思い、衛兵隊長に合図して「彼女を連れていきなさい。ただし丁重に扱うように」と命じた。笑いの止まらない修道女は、「何ですって？　私のことがおわかりにならないのですか？」とベールを上げると、夫を驚かせた誇らしさに大喜びする王妃の顔が現れた。つまり王妃の遊びとはこの程度に幼く、罪のない内容だったのだ。

自由を望むマリーは、機知に富んだ陽気でからかい好きの者たちを周りに集めて、宮廷人を激怒させた。取り巻きたちは彼女の「慎み」の壁を突き崩し、最悪の結果をもたらした。というのもこの社会において、嘲笑は何にもまして許し難い侮辱とされていたからだ。賑やかな若者たちは嘲笑を繰り返し、マリーも彼らにつられて王族としての抑制を脱ぎ捨てた。自分を主張すれば必ず代償を払わせられるというのに。

若さは時に老いに対し残酷だ。彼らは年配の宮廷人をもの笑いの種にして、敵に回した。軽薄な若者でも気が利いていて見栄えがよければ、うだつの上がらない年老いた貴族よりももてはやされた。その証拠に、若者のみずみずしさを愛するマリーは公然と「三〇歳も過ぎてよく宮廷に伺候なさいますこと!」と言ってのけた。実際のところ、彼女は親戚であるオルレアン公爵一族のパリの城館、パレ・ロワイヤルが少なからずうらやましかったのだ。ルイ一五世の治世末期になると、潑剌とした若い層は旧態依然としたヴェルサイユを去り、パレ・ロワイヤルに集まるようになっていた。彼女は、夫が嫌っている親族のシャルトル公爵や才気あふれ明るく魅力的なローザン公爵やもったいぶったところのない教養あふれるコワニー公爵をはじめとする楽しい取り巻きたちが、パレ・ロワイヤルで異彩を放っていることを知っていた。ポリニャック夫人の存在も重要だ。夫人の天使のような美貌と優し気なたたずまいは、誰をも魅了した。パレ・ロワイヤル周辺ではデファン夫人やテッセ夫人やネッケル夫人のような才気煥発な女性たちがサロンを開いて、雅やかで教養ある社交界を開いているとも耳に入ってくる。

そうした集まりに加われず、彼女の不満は募る一方だった。周りに目を向けても気が滅入るばかり。彼女にとって若さはそれだけで魅力であり、女性は顔、男性は風采で判断した。ダンスが下手だからというだけで、集まりに招待されなかった者もいる。自分の美意識に合っているか、美しいかどうかこそが重要な評価基準だった。だが往々にして美は理性を欺く。マリーにとって知識人や経験豊富な人は退屈でしかなく、神経を逆なでするばかりだった。また非礼にも「前世紀」と呼んだ老年の大貴族や貴婦人に対しても、しかるべき敬意を払わなかった。幼い彼女がフランス目指してシェーンブルン宮殿を出発するや、母マリア＝テレジアはため息交じりに「娘の若さや過度のへつらいや怠惰が心配です」と口にしている。

のちにマリーは世論や宮廷の非難の嵐を目の当たりにして、若い取り巻きたちがいかに危険な存在かを理解した。若くないが取り巻きの一人だったブザンヴァル男爵も、こう認めている。「取り巻きたちに対する王妃の愛着はあらゆる宮廷作法を破壊し、彼女は不快な大謁見から逃れることができたが、大方の支持を勝ち取ることはできなかった」。一七八六年には定期刊行物『秘密通信』*が「王妃はなれなれしく不作法な態度をとったすべての若者を退けた。宮廷作法が崩壊して、こうした態度も許されたかのように見えていた。王妃はもはや自分の集まりには思慮分別のある、折り目正しい者しか迎えないつもりだ。そうした者がいればの話だが」と書いている。国王が即位して一二年。王室のイメージ回復には機を逸していた。

メルシーは珍しく理解ある態度で、もう一つの問題を指摘している。「王妃は単にはしゃいで、悪気は一切なしに、滑稽に見える人々をお笑いになることがあります。これは有害な結果

* ドイツで一七七五年から九三年にかけて地下出版された週刊誌で、宮廷の動きや時事ニュースを取り上げていた

につながりかねません。王妃はご自分の観察を機知と才気たっぷりにお話しになり、それがまた辛辣ですので、なおさらでございます」。ベラヴァル伯爵はもっとありきたりに、「残念なことに王妃はあらゆる者を嘲笑され、自制することができなかった」と述べている。マリーから「宮廷作法夫人（マダム・エチケット）」とあだ名された女官長ノアイユ夫人も、手を焼いた。彼女はルイ一五世から、「王太子妃が内殿で、本来の性格のままに明るく振舞うのは好ましいことだと思う。だが宮廷という公の場では、もう少し慎みが必要だ」と釘を刺されたのだ。マリア＝テレジアは矢継ぎ早に娘に手紙を送って叱責した。「あなたが愚かにも人々の面前で大笑いしていると耳にしました。当然のことながら、あなたには非難が向けられるでしょうし、あなたの善良さが疑われることになりましょう。たかだか六人くらいの若いご婦人や殿方を喜ばせるために、すべての人を敵に回してしまうのです。愛しい娘よ、こうした過失は王族にとっては深刻です。その結果、無気力で立派とは言い難い人々を引き寄せて、誠実な人々を遠ざけてしまうのです」。マリア＝テレジアはまたしても、娘が直面するであろう危機を見抜いていた。マリーは母の怒りを鎮めようとしたが、そのあまりに軽率な振舞いは修復し難い確執を生じさせることとなり、フランス革命が勃発して王室が危機に瀕しても、助けの手を差し伸べてくれる者はわずかだった。メルシーはマリーに、「年配の方や外見にかなりの欠点がある方々が一度ならずちょっとしたからかいの種になっていますが、こうしたことに関わらないことがいかに重要か、私は強く申し上げたく存じます」とたしなめていた。取り巻きの若者たちは未熟な彼女の悪ふざけを大いにもてはやし、彼女は自分がどれほど相手を傷つけているかを——しかもそれが痛いところを突いているだけに——理解していない。いや、彼女には相手を傷つけるつもりなどない。しかし知らないうちに、辛辣だと非難され、のちにそのツケが回ってくることになったのだ。「あまりに利発だと思い上がってしまいますよ」と耳に痛いことばかりを口にする者たちにはうんざりだった。マリーの読師であるヴェルモン神父は、特に優れた鑑識眼を備えていたわけではなかったが、彼女の集まりには極めて否定的な視線を向け、「あらゆる場面における不品行、風紀の乱れ、地に堕ちた評判が妃殿下の集まりに加われる資格とされるのでしたら、妃殿下は取り返しのつかない打撃を受けることになりましょう」と断じている。

ルイ一六世が即位すると、影響力を死守しようとする「旧宮廷」と、旧態から抜け出したい新勢力の溝は一層深まった。「王妃は窮屈な厄介事に悩まされ、すでに王太子妃時代に反抗した宮廷作法に従おうとなさらない」とある記者は書いている。「旧宮廷」は、マリーのフランス到着前から反「オーストリア女」派を形成していた「マダム」たち——ルイ一五世王女——の周りに集まった。サルデーニャ大使によれば、「魅力的な王妃はつねに国王抜きで、宮廷には望ましくない者、若い者たちと行動している」。王弟アルトワ伯爵を味方につけたマリーは、宮廷に新たな制度を持ち込めると考えた。ティリー伯爵はこう書いている。「若く愛らしい王太子妃に、親しまれるよりも尊敬される方が望ましく、気に入られるよりも退屈する方が結局は有益なのだということを理解させるのは難しい。偉大なる国で偶像のごとく崇拝されたら、これほどの親愛の情が憎悪に変わりうるなどとは考えられないし、玉座を軽んじたり、友人や娯楽や私的生活の気安さを玉座と同等の位置に置いたりすることが、取り返しのつかない過ちだとは思いもしなかったろう」。宮廷や世論の怨恨と、王妃への期待は比例していた。人々は王妃が国王に影響力をもたらすだろうと信じ、大いに期待をかけた。だが彼らが目にしたのは、軽薄なことばかりを追い求める王妃の姿だった。重大な問題に取り組もうとするどころか、逆に物笑いの種にし、公然と軽んじている。そんな態度を目にした人々は、彼女は国民の苦労などには無関心なのだと考えた。事実はそうではなかったが、彼女の曖昧な態度から来るこうした印象は消し去り難く残った。

ヴォルテールの次の言葉は王妃にも当てはまる。「人間の悲惨さをなぐさめようと、自然は我々を移り気につくった」。マリーの興味を引くのはつまらぬことばかり。ブザンヴァルは王妃の欠点をかばいながらも、「その行動の大部分は思いつきから出たものだった」と、彼女が目的をほとんど達成しないことに驚いている。マリーは軽薄なことを真剣に実行しようとし、真剣な事柄には面白半分に取り組む。マリア＝テレジアは娘が「意義ある事物に注意を払わず」「会話には一貫性がなく、あちこちに飛び、話題がころころと変わる」と述べている。当時の詩人アンドレ・

シェニエの詩は、マリー・アントワネットを念頭に置いて書かれたのだろうか。

虚しい気まぐれと軽薄な威光の母
翼の生えた思いつきは彼女の周りをひらひらと飛ぶ
無分別が支配するこの宮廷の王妃は
あちこちに行ったり来たりして、歌ったかと思えば口をつぐみ、ものを見、耳を傾け、忘れる
そして宮殿を支える幾千もの結晶の中に
自分の姿が幾千にもきらめくのを目にして笑う

マリア＝テレジアは、娘は期待していたほどには影響力を持たないかもしれないと考え始め、メルシーにこう書いている。「正直に言って、娘には国事に関わらないでほしいと思っています。これまでの経験から、こうした巨大な王国の統治がどれほどの重責か痛いほどわかっていますし、娘が若く軽はずみで勤勉さとはほど遠いことも、無知であることも知っています。だからこそなおさら、今のフランスほど荒廃した君主国をうまく統治できるのかどうか、心配になるのです」。メルシーは頃合いを見計らってマリア＝テレジアに、ルイ一六世の性格が状況をさらに悪化させていると説明した。「国王は素晴らしい数々の徳を備えていらっしゃいますが、極めて乏しい魅

力しかお持ちでありません。外見は粗野ですし、国事のせいで不機嫌になることもございます。王妃はこれを耐えるすべを学ばねばなりませんし、王妃の幸福もそこにかかっております。王妃は節度と心遣いと愛撫で、国王への影響力を手にすることができるでしょう。しかし、そうと悟られずに影響力を行使せねばなりません」。だが即位直後の王妃は政治には全く無関心で、こうした芸当など到底無理だった。数か月後にはこう述べている。「私は自分の影響力を過信しておりませんし、特に政治については、国王に大した影響を及ぼすことはできません。(中略) 親愛なるお兄様、こうしたことを告白するのは自尊心が傷つきますが、お兄様には何も隠し立てしたくないのです」

マリー・アントワネットの伝記を記したシュテファン・ツワイクが主張するような、ルイ一六世の不器用さだけが原因で、彼女が満たされない喜びをがむしゃらに埋めようとしたという説は完全に正しいとは言えない。彼女のこうした欠点はすでにウィーンの皇女時代にも見られたし、皇女にフランス文化を教授するようにとルイ一五世から派遣されたヴェルモン神父もウィーン到着早々、「皇女の性格もお心映えも素晴らしく、長い間言われてきた以上の才知がおありです。これほどの才知をお持ちになりながら、集中ということを全く学ばれなかったのは残念というほかありません。皇女のやや怠惰かつかなり浅はかな性格は、私の授業を難しくしております。私はまず六週間、文芸を教授いたしました。理解しやすく説明している間は、よく耳を傾けていらっしゃいます。その判断力はほぼいつも的を射ています。しかし何らかの事物について考えを深めることを教えようとしても――皇女にはそれが可能だと思うのですが――、うまくいきませんでした。皇女の注意を引くためには、楽しませることが必要です」。この浅はかな性格ゆえに、マリー・アントワネットは一八世紀でもっとも軽やかな人物の一人となったのだ。彼女のイメージが損なわれないはずはなかった。「王妃の集まり」の男性たちのほとんどは、美しいものやそれに伴う文化を深く愛好した。自ら選んだ人々に比較して彼女が知的に劣っている点は隠しようがなかったし、王妃が集まりの中でしばしば二番手に甘んじているのを目にして驚愕した者も少なくなかった。

メルシーから行動を叱責されたマリーは無邪気にこう答えた。「どうしろとおっしゃるのです。私は退屈するのが怖いのです」。結婚後何年もの間、舞踏会も競馬も賭け事も芝居も旅行も、そして取り巻きさえもこの退屈を霧散させてはくれなかった。一七七七年の書簡でメルシーはマリア＝テレジアに、「王妃は私に、賭け事への興味が薄れ、舞踏会や芝居にも関心がなくなり、退屈ばかりが募って途方に暮れているとおっしゃいました」と報告している。彼女は錆びつくのを恐れる風見鶏のように絶え間なく動き回り、熱に浮かされたように次から次へと楽しみを追い求めた。

一八世紀最後の四半世紀における貴族社会では、娯楽が洗練を極め、マリーは自分でも気付かないうちに深みへとはまり込んでいた。あまりに甘美な社交界に溺れたマリーは、何年もの間深部から立ち上ってくる腐敗臭に気が付かなかった。フランス革命そして共和国政府は人々に嫌悪感を催させようと、貴族社会を悪徳がはびこる退廃の世界として示したが、実際は全く違っていた。しかし地位ゆえに国民の現実とかけ離れていく彼女に人々は嫉妬し、恨み、拒絶した。風刺作家は王妃や廷臣たちについてありもしない話をでっち上げて、そのイメージを徹底的に貶めた。だがマリーはそうしたおぞましい世界とはずっと遠いところにいた。風刺画の描く王妃は淫蕩な色情魔かレズビアンで、性的に倒錯していて好色で邪悪で残虐で、太った豚と結婚している。そうしたイメージが暴走して、ついには七歳の息子と近親相姦に耽っているとまで糾弾されることになる。何ともおぞましい論法だ。

彼女への攻撃は、早くも一七七四年の即位から始まっていた。この年、フランスは一八世紀でもっとも暑い夏の一つを経験した。宮廷はヴェルサイユ郊外マルリーに滞在していたが、耐え難いほど暑く、マリーは夫に、夕涼みをして朝焼けを見たいので夜通しの外出を許してほしいと頼んだ。ルイ一六世は「あなたは妙なことを思いつくものです。夜は寝るためにあるのですよ。けれどもそれで満足なら、喜んで許可しましょう。ただし、私が同行しなくてよいのなら」と渋々承知した。王妃は用心深く、品行方正で知られる宮廷婦人や堅物と名高い男性たちだけを同行させた。無邪気な楽しみが中傷されようなどとはつゆほども考えなかったので、あえて隠そうともしなかった。道行く人々の会話が耳に入ってくるのも楽しいし、すれ違う人がこちらが王妃だと気付かないのも愉快だ。お忍びだからこそ、偶然やおかしな場面に出くわせる。彼女はいたずら心を出して、梯子を持ってこさせ、リーニュ大公をオレンジ用温室(オランジュリー)の端にある大きなルイ一四世像の後ろに隠れさせた。義弟アルトワ伯爵は普段この像の前を通るときに「おじい様、こんにちは！」と声をかけるのだが、今回は返事があって危うくひっくり返りそうになった。風刺作家たちはこんな罪のない夜遊びをネタに、木立に紛れ込み「相手が男だろうと女だろうと」構わず乱交に溺れる淫奔な王妃像を広めた。[14] ルイ一六世は外出を認めた自分に腹を立て、起きがけの王妃のもとを訪れて言った。「マダム、一生にたった一度だけ朝焼けを見たいという願いが、どれほど高くつくかおわかりですか。これを読んでみなさい。あなたが、我々の友人たちの文才をどう思われるか知りたいものです」。マリーは、巷に広がるおぞましい噂には相変わらず無頓着だった――本当はもっと警戒すべきだったのだが――。マリア＝テレジアもルイ一六世同様、憤慨した。「率直に言って、フランス人の心にオーストリアや私自身、そして気の毒な罪のない王妃への憎悪がこれほど根強く残っているとは思いませんでした。（中略）こんなに醜悪なことは目にしたことがありませんし、敬虔さも品行方正さも善意もないかの国には、心の底から軽蔑を感じずにはいられません」

それでも懲りなかったのか、一七七七年夏には別の醜聞が持ち上がった。こちらも前回に劣らず、破廉恥な内容だった。今回の舞台は涼やかな朝焼けではなく、午後一〇時頃の宮殿のテラスだった。庭園のコロナードと呼ばれる空間には列柱噴水が並び、中央にはギリシャ神話のプルトンに誘拐されるペルセポネ像が置かれている。ここでフランス衛兵とスイス衛兵による音楽会が催され、終日雨戸の閉まった居室で過ごした王妃はほかの女性同様、パーケール地のドレスをまとい、大きな麦わら帽子をかぶって庭に出た。ヴェルサイユ宮殿の庭園には暑さをしのごうと多くの人が押しかけ、マリーも音楽の流れる中散策した。王妃らしくない服装だったからか、罪のない束の間の出会いもあった。若い陸軍事務官や王弟付き衛兵が、夜の闇にまぎれて紳士的に話しかけてくる。彼らはこの愛らしい娘が王妃だとは気が付いていない。だが無邪気なおしゃべりは面白おかしく風刺歌にされて、またしても国王を憤慨させた。こうした風刺歌が下地となって、数年後に勃発した首飾り事件では、王妃がロアン枢機卿と夜に密会したという嘘が信じられるまでになった。[15]

毒を含んだ風刺の対極にあるのが、同時代人の描く王妃と取り巻きたちのある種の無邪気さや、どこか無責任な初々しさだ。例えば、王妃の首席侍女カンパン夫人によれば、拝掲式に出席していた王妃は笑いがこみ上げてきて、扇子で顔を隠した。拝謁者たちはこれを許し難い行為と断じ、何と侮辱的な態度かと激怒した。実際は、王妃にそれほどとがめられるべき点はなかった。王妃の後ろで何時間も立ちっぱなしだった女官のクレルモン＝トネール侯爵夫人がすっかり疲れて、周りの女性たちの横に広がったパニエ付きドレスに隠れて床に座り込み、こっそりと王妃のドレスの裾を引っ張って、式典を早く終わらせてくれと合図したのだ。こんな幼稚ないたずらも、ヴェルサイユでは大事になる。あっという間に反響が広まって、翌日には六〇代の公爵夫人や公妃たちが、「このからかい好きの小娘」の宮廷にはもう足を踏み入れないと公言した。王妃を満足させられない国王が悪評のとばっちりを受けるのではないかと案じる向きもあった。「非常に不愉快なのは、国王が公式の場で、王妃に庇護されている人々しか厚遇しないことであり、それ以外の優秀で素晴らしい臣下はこうした対応にうんざりして、結局は大変な不幸につながる」とある同時代人は述べている。もったいぶった人々を前にしても、マリーは肩をすくめるだけ。しかし当時の批評家リヴァロルの言うように、「王妃はつねに王妃というよりも女性だった」。彼女は王妃よりも女性でありたいと願い、男性たちといるときの様子からそれが窺えることもあった。

セギュール伯爵*は後年、回想録の中で若い国王夫妻の宮廷の軽率さを指摘している。「王家の近くで地位を築いていた者、官職を得ていた者は皆、過去の人、別の時代の人となった。我々は

* 163頁の陸軍大臣セギュール侯爵の息子。179頁のジョゼフ＝アレクサンドルの兄

内心ではかつての体制の名残に敬意を抱いていたが、そのしきたりや無知や先入観に反抗し、嘲笑した。我々は彼らから重責を奪うつもりなどなく、ひたすら娯楽のことばかり考えていた。我々は楽しみを追いかけて、無邪気に舞踏会や祝宴や狩りや賭け事や音楽会へと出かけ、自分たちを待ち受けている運命のことなど予想だにしなかった」

マリーはもはや内気な王太子妃ではない。大世紀と呼ばれた一七世紀の古いしきたりに従うつもりはなく、解放を望んだ。こうした意思を反映する行動の一つが、大正餐の廃止だ。ただし特別な機会の大正餐は廃止されずに日曜日の小正餐[16]のみが残ったが、それさえも王妃はなるべく短時間で済ませようとした。この点彼女は新世代の王族同様、時代を生々しく反映していた。何よりもてはやされるのは軽やかさだ。アルトワ伯爵の国王に対する態度は傲慢でさえあったが、ルイ一六世自身、伝統的に使われてきた「陛下」という尊称を弟たちに免除し、形式のたるみを許した。各世紀にはその時代ならではの特徴がある。一八世紀の特徴は自由な精神だ。若き国王夫妻さえも例外ではなく、王者に課された桎梏(しっこく)から何とか逃れようとあらゆる機会を利用した。国王は、プロヴァンス伯爵やアルトワ伯爵一家との男女同席の食事を望む王妃の願いを聞き入れた。今までのヴェルサイユ宮廷ではありえなかったことだ。カンパン夫人はこうした変化について、次のように記している。「ずっと昔に確立した習慣では、フランス王妃が公の場に姿を現すときは、女性のみが付き添うこととされていた。食卓でも食事を供するのは女性だけだった。国王は王妃と共に公衆の面前で食事をとっていたが、国王の食卓に直接何かをお持ちするのも女性だった。（中略）王妃は即位後にこのしきたりを廃止された。またヴェルサイユ宮殿で移動するときには、宮廷服を着用した二人の女性に付き添われるという決まりも廃止した。以来、一名の従僕と二名の従者のみが王妃に付き添うようになった。マリー・アントワネットの過ちと言えば、これまで書いてきたようなたぐいのことだ。ヴェルサイユのしきたりに代わってウィーン宮廷の簡素な習慣を導入しようとしたことは、ご自身が想像するよりも有害な結果を引き起こした」。社交界の動きを報じる記者たちは空気の変化を指摘して、「我々の若く魅力的な王妃は形式ばらず簡素にと願うあまり、古い宮廷作法のあらゆる滑稽な枷を宮廷から追放した。毎晩、善良な王妃は二本の蠟燭を持った従者のみを連れて、国王と共に宮殿をあちらこちらへと移動して人々に会いに行く」と書いている。

二〇歳のマリーは、歴代王妃を従わせてきた宮廷作法に我慢がならず、王族としての生活という大がかりな機械の単なる一部になることを拒んだ。周りを囲む奉公人たちには息が詰まりそうだった。しかも彼らは専門の奉公人ではなく、自分は大物だと思い込んでいる高級官職保有者で、無能でも罷免されない素人ばかりだったから、なおさら鬱陶しかった。ルイ一五世妃マリー・レクザンスカがいかに宮廷作法を遵守していたかとその意義を説く者に対して、王妃は刺々しく「マダム、どうぞお好きなようになさって。ただしオーストリア皇女に生まれついたフランス王妃が、ポーランド王女に生まれついた王妃のようにそれ〔宮廷作法〕を重視したり守ったりするなどとはお考えにならぬよう」と答えた。彼女のオーストリア皇女としての強烈な自負心は揺るぎなく、宮廷作法を愚弄することさえあった。あるときロバに乗っていて落ちたが、大事には至らなかった。彼女は笑いながら、「急いでノアイユ夫人を探してきてちょうだい。夫人なら、フランス王妃がロバを乗りこなせない場合に、宮廷作法はどう定めているかをご存じでしょうから」と言った。ノアイユ夫人はこのユーモアに笑えなかった。

シェーンブルン宮殿での簡素で自然でブルジョワ家族のような生活と、ヴェルサイユ宮殿での緻密に計算された生活は対照的だ。この差異に対するマリーの反応は悪影響をもたらした。彼女は自分の身を守る必要性を理解せず、宮廷のメカニズムを動かしていたしきたりへの拒否感を隠すどころか、公然と反抗した。彼女に手を差し伸べ、自由への欲求をなだめることができたはずの二人の男性はこれを怠った。ルイ一五世は怠慢から、ルイ一六世は優柔不断さと気の弱さから。

だが宮廷作法の放棄や王権の退化を、王妃一人の責任とするのは不公平だ。王妃を軽はずみと糾弾するなら、庶民のように鍛冶や左官工事を楽しんでいた国王はどうだろう。ルイ一六世自身は、若者特有の思い上がりがもたらす結果を予想せず、むしろ取り巻きたちを愉快と見ていた。弟のアルトワ伯爵がローザンやラ・ファイエットやセギュールと一緒になって、宮廷人たちの前でパリ高等法院の四名の高位の者たちを面白おかしく真似て弄したと聞いたときは大笑いし、その大声に室内の化粧板さえ震えたという。驚愕するモールパ伯爵に向かって彼は、「今のところ、どうしようもない。余も悪だくみをした者たちの一人なのだから。事の次第はすっかり聞いたが、余は不満に思うどころか大いに笑った」と言った。誰も故意にそうしたわけではない。だが、ルイ一四世が油をさして完璧なまでに動いていた絶対王政のメカニズムは、新世代の登場と共に狂い始めていた。

＊＊＊

楽しみを求めるマリーは、冬の間の毎週月曜日、居室で舞踏会を催すことにした。集まるのは若者ばかり。彼女の気品ある軽やかさは、一同を魅了した。王室の催事担当長官パピヨン・ド・ラ・フェルテは、友人たちを楽しませたい一心で予算を超える希望ばかりを出してくる王妃のために、大変な苦労を強いられた。ノアイユ伯爵夫人は毎週水曜日に舞踏会を催すが、招待されるのは「ノメ」と呼ばれる公式に国王に拝謁する権利のある人ばかりで、マリーは物足りなかった。彼女にとって舞踏会は自分の魅力をアピールする機会であり、公人として注目を浴びる場では流行の先端を行く若く美しい女性であることこそ望ましいと考え、公式舞踏会では畏敬の念を抱かせる物腰で周囲を圧倒した。ルイ一六世の妹クロティルド王女とサルデーニャ王太子カルロ＝エマヌエーレの成婚では、王妃とプロヴァンス伯爵主催の夜会服着用の舞踏会が開かれた。翌日、イギリスの作家ホレス・ウォルポールは友人に宛ててこう書いている。「王妃に比べれば、へべもフローラもヘレネもグラティアも*一介の町女に過ぎない。王妃が動けば優雅さそのものだ。王妃は夾竹桃とほんのわずかなダイアモンドと羽根飾りがちりばめられた銀のドレスを着用していた。（中略）王妃のダンスは調子はずれだという者もいるが、それは音楽の方が調子はずれなのだ」。マリーにはさほどダンスの才能はなかったようだが、それでも大好きだった。

彼女にとっては音楽も大きな楽しみの一つで、メルシーはマリア＝テレジアに、王太子妃は歌やクラヴサンやハープを愛好し熱心に打ち込んでいると報告している。マリーが真面目に取り組んだ唯一のものが音楽だ。だが音楽は孤独な趣味で、鬱気味の老王の物悲しい宮廷で孤立する一六歳の王太子妃には愉快とは言えない。ヴェルサイユに飽き飽きした彼女は炎に引き寄せられる蝶のごとく、日ごとパリへの憧れを募らせた。特に一七七三年六月八日の公式訪問では大変な人気を博したため、パリへの憧憬は高まる一方だった。メルシーも珍しく「王太子妃殿下はこれ

* いずれもギリシャ神話に登場する美女

以上ないほどの優美さ、魅力、機知をお示しになりました」と好意的に報告している。大成功に終わった公式訪問後、彼女はルイ一五世から一週間に一度はパリを楽しんできてよいという許可をもらった。付き添いはたいていの場合、「軽薄なことばかりを追いかけ、明らかに放蕩傾向のある」アルトワ伯爵だった。彼らは「悪魔（ディアブル）」と呼ばれる無天蓋の立ち乗りもできる二輪馬車でパリを駆け巡った。王太子は口に出しては言わないものの、この馬車での外出を嫌っており、弟には態度で不満を示していた。

王太子妃は芝居が好きだと知ったルイ一五世は、パリから役者たちを呼んで火曜日と金曜日に上演させた。マリーはこれに刺激されて、二人の義妹と共にフランス座の芝居を自分たちでも上演しようと思いついた。[17] 団員はマリーとプロヴァンス伯爵夫妻、アルトワ伯爵夫妻、のちに王妃の侍女となるカンパン夫人の夫とその父だけ。王太子は舞台には立ちたくないので、たった一人の観客になった。こんな娯楽が知られたらルイ一五世の王女たちから横やりが入ったり、国王に禁止されたりするかもしれない。そのため素人芝居の話は、まるで国家機密のごとく秘密にされた。そこで選ばれた会場が、人の入ってくるおそれのない中二階だ。壁に作り付けのキャビネットを舞台に見立てて上演が実現し、誰にも知られることはなかった。

王太子も共犯者に徹した。彼は実は喜劇好きで、特にパロディ作品には大笑いし拍手喝采した。

彼の芝居への愛好ぶりは、一七七七年一〇月にパリ郊外ショワジーの城館でオペラ『エルネリンデ』のパロディが上演されたときに明らかになった。すでに国王に即位していた彼は大っぴらに満足を表明し、劇作家デプレオーに年金を授けたのだ。「この厚遇ぶりからも、国王陛下に若者らしい無邪気さが残っていて、笑いを愛していることが窺える」とある記者は書いている。世論はルイ一六世の率直な人間味の発見に仰天したかのようだった。マリーの目にはこの演目は粗野に映り、大して好きになれなかったが、夫の趣味に意を得て自分の上演を推し進め、舞台に立つ悲願を実現しようとした。即位当初こそ舞台に立って批判されることに尻込みしていたものの、一七七八年、妊娠中に退屈すると、ヴォードルイユ伯爵の思いつきに乗せられて、彼と共に舞台に立とうと考えた。これがトリアノンでの初めての上演となる。とはいえ、彼女のお気に入りたちで構成された劇団の初演が実現したのは、ようやく一七八〇年春になってからのことだ[18]。演目はスデーヌの『予定外の無謀な企て[19]』とモンシニーの『王と農夫[20]』。メルシーは、王妃が夢中になっていた賭博に比べればまだましだと述べている。「王妃はしばしばトリアノンで一日を過ごされ、夜も滞在されることがあります。芝居が上演され、国王もよく同席なさいます。この小さな宴に呼ばれるのは宮廷でもごく内輪の人々だけです。宴では夕餐の時間まで庭園を散策し、食事後に劇場に向かいます。この趣味のもっとも有意義な点は、賭け事から離れられることでございます」。ルイ一六世は日記に、「トリアノンで夕食をとり、ささやかな喜劇を観る」と記録している。王妃がこの趣味に飽き始めるのは、一七八五年のことだった。

芝居ではしばしば王族の内輪が集まり、子どもたちも観劇した。ある日、幼い王太子〔長男ルイ＝ジョゼフ〕が父の膝に座り母の芝居を観ていた。王妃はセリフを忘れてしまい、プロンプターのカンパンも、宮廷人たちからからかわれていた大きな眼鏡をかけて必死に台本をめくったが、肝心の箇所が見つからない。気詰まりな沈黙が流れる中、王太子のあどけない声が聞こえてきた。「ムッシュー・カンパン、その眼鏡を外してくださいな。ママンはあなたのお声が聞こえないみたい」。この無邪気な言葉に、役者も観客も大笑いした。宮廷から離れたトリアノンでの気の置けない生活は、王妃にとって今やなくてはならないものになっていた。

＊＊＊

一七七四年五月一〇日にルイ一五世が崩御してから数週間後、ルイ一六世は王妃にプティ・トリアノンを贈った。女性の扱いが下手な彼は精一杯の心遣いを見せて、妻が毛嫌いしていたルイ一五世愛妾デュ・バリー夫人の家具を移動させた。「マダムは花がお好きだ。私からはブーケを差し上げよう。それはプティ・トリアノンです」と雅やかな言葉を添えたとされているが、いつもありきたりな受け答えしかしない国王にしてはあまりにロマンティックで、おそらく後世による創作と考えられる。レオナールが記した「代々、国王の愛妾たちはこの美しいトリアノンに滞在していました。したがって今では、ここはあなたのものです」という言葉の方が実情に近いだろう。いずれにせよ、王妃は宮廷を離れたがっていた。メルシーは「王妃は王太子妃時代から長いこと、自分だけの田舎の家を持ちたいと強くお望みになっておられ、いくつかのちょっとした計画を立てていらっしゃいました。国王が崩御され、ノアイユ伯爵夫妻がプティ・トリアノンをお勧め申し上げたのです」と書いている。ルイ一六世が妻を喜ばせたいことに変わりはなく、八月一五日の聖母被昇天の祝日に――聖母マリアはマリー・アントワネットの守護聖女――ダイアモンドをはめ込んだ領地の鍵を渡した。

マリーはトリアノンを心から愛した。だが一般に言われるように、トリアノンに入り浸りだったわけではなく、一年を通しての滞在が一か月を超えることはなかった。ただし一七八四年は例外で、三九日間過ごしている。彼女はヴェルサイユやその他の王城から逃避していたわけではなく、例えばヴェルサイユ宮殿の王妃の居室はかなり拡張されて、人目を避けて過ごせる部屋が作られたし、その鍵を持っているのはマリーだけで、くつろいだ空間を楽しんだ。巷で言われているように、トリアノンに引きこもっていたわけではなく、宴が催されるごとに国王や王族が集まった。一七七六年春に王族の麻疹の治癒を祝って開かれた宴なども、その一例だ。また王妃がトリアノンに滞在中は、国王も毎日のように通っていた。「国王は毎朝、衛兵隊長も連れずに一人で来られ、王妃と朝食を召し上がられていた。その後起床の儀のためにヴェルサイユ宮殿に戻られ、午後二時に再びお見えになって昼食をとられ、庭園を散策され、木立で読書なさる。こうして日中を過ごされるか、ヴェルサイユ宮殿にお戻りになって政務や会議に臨まれ、九時に夕食をとりにいらっしゃる。それから少しゲームをなさり、一二時に宮殿に戻って就寝。トリアノンにはほとんど居住空間がないので、一同はヴェルサイユ宮殿で夜を過ごし、翌日の昼食に戻って、一日を過ごしていた」とブザンヴァルは書いている。彼は言及していないが、国王が来ると「一同」は退屈し、なるべく早く退出させようとした。国王になったからといっていきなり垢抜けるわけではなく、相変わらず「その振舞いは優雅さに欠けていた」。トリアノンでは優雅さの欠如は嘆かわしい欠点とされ、大きな笑い声や鈍重な冗談は敬遠されていた。それなのに国王はナルボンヌという名の若者の膝に乗って、赤ん坊の真似をしたこともあり、一同は困惑を隠せなかった。

麻疹のために初めてプティ・トリアノンに滞在した王妃は、住環境も快適で、特に親しい友人たちとゆっくり過ごせると気付いたが、炯眼なマリア゠テレジアはメルシーに「王妃が国王抜きでトリアノンで夜を過ごすなど、認めるわけにはいきません」と書いている。

この瀟洒な小邸は一七六二年から六八年にかけて、ルイ一五世寵姫ポンパドゥール侯爵夫人のために、ヴェルサイユ宮殿から四分の一リュー*の緑深い場所に建設された。[21] 設計はジャック＝アンジュ・ガブリエルが担当し、工事は夫人の弟で国王建築物部監督官のマリニーが担当した。ルイ一六世即位に先駆けること約一〇年前に建てられたこのプティ・トリアノンは、のちに建築の分野でルイ一六世様式と呼ばれるスタイルの原形であり、喧騒を逃れた生活、楽しみと休息のためのくつろいだ空間への志向が読み取れる。完璧なサイズとバランスの館は理想化された自然の中に作られた傑作で、田舎風でありながら、洗練された優雅な生活のためにすべてが緻密に計算されていた。

この贈り物に大喜びしたマリーは、軽率にもこの場所を「プティ・ウィーン」と呼び、選ばれた者たちとの友情が何よりも優先されるこの空間を支配するのは自分であると主張した。「トリアノンでは私的生活を楽しみましょう。私たちが分別をもってこうした楽しみを守らなければ、それは存在しないも同然なのです」。トリアノンでは、批判や中傷や人の気分を害するようなことはご法度だった。トリアノンに入るには通行用のコインが必要で、これを持っていなければ追い返される。宮廷作法は礼儀正しい自然な関係に取って代わられ、宮廷の重要な官職保持者さえ締め出されたり、王妃の召使に立ち入りを断られたりした。「意地が悪くて嫉妬深く執拗な小男」と呼ばれたフロンサック公爵はこの事態に憤慨し、王妃付き侍従たちの名で国王に覚書を送った。

＊　一キロメートル強

ルイ一六世の依頼を受けて王妃は侍従たちを迎えたが、「皆さま、プティ・トリアノンは私個人の所有地で、私に仕える者たちが管理しています。国王自身も優しいお心遣いから、招待客としてのみおいでになります。つまり、ここでは王宮の規則に従うべき事柄は一つとしてありません。(中略)ですから、この点すべての主張は取り下げていただきます。そうした主張は不快ですし、同時に皆様にとっても何の得にもなりませんから」と言ってのけた。そうして接吻のために手を差し出し、話し合いはおしまいとなった。

マリー・アントワネットはトリアノンで宮廷の気苦労を癒したいと考えていた。女官たちを残し、自ら二輪馬車を操って全速力でトリアノンへ行くこともある。マリア＝テレジアはまたもや憤慨し、娘を叱責した。トリアノンでは私人として友人たちを迎えたい。自分には「親しい人に囲まれた」隠棲生活が必要なのだ。マリーにとって、ここに集まる小グループは日ごとに重要になっていった。トリアノンはほかの貴族の館と何ら変わりない。「王妃はトリアノンで優雅な生活を取り入れた。彼女がサロンに入っても、ピアノを弾いている女性も綴れ織りをしている女性も手を止める必要はなく、ビリヤードやトリック・トラック*に興じている男性も中断することはない」。ここには大げさな決まり事などなく、王妃に仕える奉公人の数も少ない。朝、彼女は

* ボードゲーム。バックギャモンとも

一人で起き、わずかな召使の手を借りて服を着る。ごてごてとした装身具はお払い箱となり、「ゴール」と呼ばれる軽いリノンのドレスをまとった。異なる厚みのリノンを重ねて、腰のところで縛る。足首のところでカットされているので、田園の散策にもぴったりだ。彼女は招待客にも「肩の張らない、田園を歩くような服装でいらして」と言っていた。パニエで膨らませたドレスも、高く結い上げた髪型も、派手な化粧も、きつい香水もここでは無用だ。男性たちは丈の長いコートや「ロンドンの煙突の煤」のような色のタフタのテールコートを着用し、女性たちはポーランド風ドレスやモスリンコットンのドレスや「子どものような」ドレスに身を包み、フィレンツェ製の麦わら帽子をかぶっていた。リーニュ大公の言葉を借りれば、「流行を追わないことが流行なのだ」。王妃は小姓のアレクサンドル・ド・ティリーに、有無を言わさぬ調子でこう告げた。「もっと簡素ななりをなさい。たった数日間で、もう二着も刺繍入りの服を着ましたね。その髪型やレースは何です?　舞台にでも立つおつもり?　簡素な服装では目立ちはしませんが、一日置かれるようになるのですよ」

美しいサロンは庭園へとつながっている。食事も、簡素さを求める王妃の気に障るようないく

＊　スカート部分の装飾が三つに分かれている

つものサービスからなる形式ではない。[*] ルイ一六世は、コーモスやバッカス[**]を招いたのかと見まごうようなご馳走尽くしに目がないが、マリーはほんの少ししか食べず、飲むのは水だけ。ヴェルサイユ近くのヴィル＝ダヴレーの水がお気に入りだ。食道楽ではないマリーが好きだったのが、朝食のウィーン風の焼き菓子とコーヒーで、シェーンブルン宮殿ではこうしたお菓子をよく食べていた。トリアノンの菜園でとれる果物や野菜、農場から来る牛乳や卵も楽しみだ。クロッケー、[***] コラン・マイヤール、[****] クリニュ・ミュゼット、[*****] 芝生では現代のメリーゴーラウンドに似た遊びを楽しむ。男性たちは木製ドラゴン、女性たちは木製クジャクに乗って、回転しながら、頭上の日傘から吊り下げられた環を取る遊びだ。羽根つきや湖での船遊びはなかなか疲れる。テラスへと開かれたサロンでは音楽が奏でられ、王妃はクラヴサンかハープを弾いている。ヴォードルイユ伯爵は横笛を吹きながら、散歩のお供をしている。皆で集まって本を朗読し、ちょっとした芝居を演じることもある。ささいな過ちは見て見ぬふり。仲たがいしても、すぐに仲直りして宴を楽しむ。怜悧なリーニュ大公はいみじくもこう語っている。「私は楽しみにひかれて〔ト

* 従来の宮廷では、食事は何段階にも分かれていて、各段階でたくさんの料理が供される
** コーモスはギリシャ神話で祝宴を司る神、バッカスは葡萄酒の神
*** 木製ボールを木槌で打つゲーム
**** 目隠し鬼
***** 隠れんぼ

リアノンへ」行き、感謝の気持ちが私を引き戻す。（中略）人々は幸福と自由の空気を吸う」トリアノンの常連の一人エステルアジ伯爵も、当時の気楽な生活を記している。「今日の昼食には、昨日はいらっしゃらなかったコワニー公爵とブザンヴァル男爵が同席しました。私は昼食後は遊びませんでした。国王は村落（アモー）を散歩され、王妃は庭園に残られました。私たちはトリアノンに戻ると夜まで環遊びに興じました。国王は執務のためヴェルサイユ宮殿に戻られ、私たちはサロンでおしゃべりを楽しみました。私は夕食をとらず、王妃、アルトワ伯爵、ポリニャック夫人、ヴォードルイユ殿とサロンで果物やクリームをいただきました」。トリアノンは自由な逸楽の王国だ。ブザンヴァル男爵は「私は、王妃がかような安穏さを求めたことにではなく、それをあえて実現したことに驚いた」と書いている。置き去りにされた宮廷人たちはやっかみ半分に、規律が緩んでいると露骨に非難した。こうした緩みはトリアノンのみに限られていたはずだが、マリーは無意識からか挑発からか、私人として生きたいという望みを、ヴェルサイユ宮殿の金塗りの公式大居室にまで平然と持ち込むこともあった。

マリーの望んだ私的生活は、「プティ・トリアノンの番人」と呼ばれたピエール＝シャルル・ボンヌフォワ・デュ・プランによって守られていた。彼はぶしつけな者たちを牽制するのに、建築家に命じてすべての扉に二重の錠を設置させた。彼の父はルイ一五世妃マリー・レクザンスカの食卓を担当していた大共同棟（グラン・コマン）の官吏で、彼自身もヴェルサイユで生まれ育ち、あらゆる秘密に通じていた。王妃の執事のような存在で、家具保管の責任者として、詮索好きな宮廷人の侵入を妨げる一徹な番人として、そして王妃の娯楽を取り仕切る監督官として、なくてはならぬ人物だった。ただし彼自身も認めているように、監視がつねに行き届いていたわけではない。「どんなに注意しようと、つねにごまかそうとする者はいます。貴公もこの前の火曜日に目にされましたでしょう」。王妃の招待客リストは二〇〇名にも満たなかったのに、六〇〇名もの人々がやってきたのです」。彼の指揮する使用人は、三名の侍女、四名の衛兵、そして庭園と厨房の職員とごくわずかだった。

プティ・トリアノンを贈られたマリーは、早速ここでの時間を楽しんだ。「王妃はこの娯楽の館にますます手をかけられ、ほぼ毎日、午前中か午後においでになります。おいでになるときは二、三名の者しかお供しません」とメルシーは書いている。プティ・トリアノンでは私人として過ごしたいという願いとは裏腹に、費用のかけ方は王族レベルだった。高額な費用を指摘した大臣に向かって、彼女はぴしゃりと「私はサン゠ドゥニ通りのブルジョワのように倹約したり、地下室の鍵をポケットに持ち歩いたりするつもりはございません」と答えた。

子どものいない王妃は公務や家庭から離れて、プティ・トリアノンに入れ込んだ。まるで自分の魔法の杖に従って、芸術家や庭師が立ち動いているかのようだ。改装を任されたロレーヌ地方出身の建築家リシャール・ミックは、王妃付き建築物部の総監に就任した。王妃は要求の多いパトロンで、希望をすぐに叶えてほしいと主張し、費用が原因で納期が遅れることなど認めなかった。ヴェルサイユ宮殿で重要なのは壮麗さだが、プティ・トリアノンでは洗練された爽やかさや簡素な朝の時間が好まれる。そうした生活の縦糸となるのが、花や春らしさだ。これは当時の流行でもあり、王妃は気まぐれな想像力でそうした雰囲気を豊かに広げ、ついには当時のフランス芸術の傑作の一つにまで高めた。彼女の注文した家具類は洗練の極みであり、バラやジャスミン、リンゴの花やスズランの花束の装飾がたっぷりとあしらわれていた。一五年にわたるプティ・トリアノン生活ではこうした空想が力を得、ミックは王妃の期待に応えようと全力を注いだ。娯楽は様々な変化をもたらす。一七七七年春の兄ヨーゼフ二世の訪問後、マリーはダイニングルームにウィーンから贈られたばかりの家族の大肖像画の複製二枚を飾らせた。懐かしいシェーンブルン時代を思い出させてくれるオペラとバレエの絵で、兄の成婚時の兄弟たちやマリー自身が描かれている。「この絵をお贈りくださったお母様の優しいお心に感動いたしました。ちょうどよいサイズで、トリアノンにいる私の喜びを一層深めてくれることでしょう」。その数年後には、王妃の寝室の隣にある小部屋に巧みな装置が取り付けられた。床下に作り付けられた鏡が機械仕掛けでせり上がってきて、窓を——特に夜——隠すのだ。この素晴らしい小部屋にはマリー・アントワネットのイニシャルが彫られた羽目板が飾られていて、バラやギンバイカの花輪や鳩や矢の装飾がたっぷりと施されている。バラには棘がなく、キューピッドの矢は人を傷つけず、サテュロスは攻撃的でない。この部屋にはそうした夢想があふれていた。

プティ・トリアノンの白い建物同様、庭園も自然な軽やかさへの憧憬を謳っている。リーニュ大公が「国王の監獄」と呼び、力にものを言わせる人間による自然支配の象徴と考えられたヴェルサイユ宮殿とは正反対だ。ヴェルサイユ庭園を担当したアンドレ・ル・ノートルは「自然を建築家のコンパスに無理やり従わせ」てこれを破壊した、と王妃は考えていた。直線、入念に整えられ模様を形作る花壇、見事に区切られた灌木、刈り込まれたイチイ、曲線を描くクマシデなど、彼女の目には退屈の極みとしか映らなかった。ルソーは小説『新エロイーズ』の中で、ヴォルマールにこう言わせている。「自然は線引き糸を使って植物を植えたりなどしません。（中略）散歩し始めたばかりの者が早くもうんざりした様子で、一刻も早く終わらせようと一目散に歩く様子を見るのは、何とも愉快なものです」

一八世紀後半、人々は自然の感情を重視し、自然美はあらゆる知識人の研究対象となり、その考察は百科全書的知識を渇望する貴族層に広まった。宮廷人もブルジョワ層も複雑な娯楽に食傷気味で、素朴な世界への回帰を理想化して無邪気に説いた。ドレスや髪型は「女庭師風」か「田園の花風」。女性たちは「洗濯女」や「美しい農婦」のような装いだ。マリー・アントワネットもトリアノンで意義ある植物栽培をしたいと考えていたが、ルイ一五世がエヤン公爵と共に作り上げた植物採集用の温室は取り壊すことにし、温室で栽培されていた植物はすべてパリ植物園に移された。彼女が望むのは木立や小道や小川がちりばめられ、稀少な木やエキゾティックな植物が植えられたイギリス式庭園だ。彼女は自然を研究するのではなく、眺めることを好んだ。しかしその自然とて理想化され、絵画やオペラの舞台装置に近い。

早くも七月、メルシーは「目下、王妃はトリアノンに造園予定のイギリス式庭園にかかりきりです」「国王は壁で囲まれた土地の拡張と、この計画に関する王妃の一切の望みを、入念かつ迅速に実行するよう命じられました」と書いている。庭園には王妃好みの自然を取り入れねばならない。そこでキャラマン伯爵に構想が任された[22]。彼は造園愛好家で、王妃も彼の手による庭園を評価していた。彼の指示のもと、園芸家アントワーヌ・リシャールが花の植え込みや寺院風の建物やあずま屋の配置を構成した。リシャール・ミックの友人で、風景や空間の表現にかけては随一の画家ユベール・ロベールにも助言を仰いだ。ブザンヴァルの母方の祖父ビエリンスキ伯爵はポーランドの著名な博物学者で、彼自身も田園趣味を受け継いでいたので、助言を惜しまなかった。アイディアも資金も惜しみなくつぎ込まれ、パリ郊外ムラン近くのラ・ロシェットで苗を栽培する王室温室からクレタ島の糸杉、ウォルナット、ウチワサボテン、スペインのオレンジの木、イタリアやヴァージニア州のセイヨウヒイラギガシ、マヨルカ島のレモンの木、ハナエンジュ、エンジュなどが運び込まれた。こうしてトリアノンはルイ一五世の希望通り、植物研究所としての役目を果たし続けることになった。木、小川、人口岩、ひなびた橋、王妃が昼食をとりながら風景を楽しむことのできるベルヴェデーレ（見晴らし台）、それを囲むように生い茂るバラ、ジャスミン、ギンバイカ、水車、まるで自然に育ったかのようにあちこちに伸びる花、島、小川に囲まれた愛の神殿、白大理石の酪農小屋。王妃は「今日の昼食後、ジュシュー殿が私の前でレバノン杉に水をやるので、軽食を用意しておくように」など、今までになくこまごまと指示を出した。夢想をもっと広げたい。ルソーの描くジュリーのように、「噴水は見知らぬ人のためにありますが、この小川は私たちのために流れています」と言えるような庭園がほしい。

一七七七年九月三日に催された第一期工事落成と植栽を記念する祝宴は、語り草になるほどの宴だった。庭園ではまだ工事が続いていたが、リーニュ大公は「幸いにして、すべてが完成していたわけではなかった。さもなくば、あまりに多くのことがあり過ぎて、ここに書ききれなかっただろう。きっと近いうちに、素晴らしく魅力的な多くのものが仕上がるだろう」と書いている。王妃はルイ一四世時代の例を参考に、庭園にたくさんの小卓と、パンや焼き菓子やロースト肉やハムやソーセージなどの露店を出し、花輪で飾った。自身も格子造りのアーケードの店で、レモネード売りに扮した。イタリア座のアルルカン〔道化役〕のカルランとコメディ・フランセーズのデュガゾンによる客寄せ芝居では、二人が柳細工のカサギと七面鳥の中に入って客を楽しませた。王妃は取り巻きたちの間で流行しているイギリス趣味を考慮して、イギリス大使ドーセット公爵と、一七七五年秋に知り合ったデヴォンシャー公爵夫人ジョージアナ・スペンサーを招待した。不幸な結婚生活を送り、遊び好きで浪費家、気前がよく情熱的なジョージアナと王妃には多くの共通点があった。王妃から親しみを込めて「ザ・ラット」と呼ばれたジョージアナはこの祝宴の数日後、イギリスへ帰国する前に王妃に会いに来て、犬を贈った。この長毛の白いマルチーズはジョージーと呼ばれ、トリアノンで一生を過ごした。

マリア＝テレジアは相変わらず不満気だ。「国王があなたの意見をお聞きになるとか、友人としてお話しになることもあるでしょう。そうしたときのために、真面目な事柄に取り組むことが絶対に必要です。国王に法外な出費を強いてはなりません。国王はあなたにこの素晴らしい贈り物をしてくださいましたが、そこに大金をかけたり、ましてや浪費などは禁物です」。しかし母の声は娘に届かない。マリーは母に心配なさらないでと言っておきながら、常軌を逸した額をかけてトリアノンを改装し、さらに村里（アモー）の造園が決まると、出費額は青天井になった。村落（アモー）には一二の館が造られ、隣接する農場の住人たちが住んでいる。農場というのは一種のミニチュア村のようなもので、全能の首長がフランス王妃というわけだ。彼女は、一九世紀フランスの作家ユイスマンスが「牧歌的」と呼び、ブーシェが描いて人気を博した、ひなびた生活を理想化した美しい絵画のような風景に夢中になった。そのために莫大な額の出費が生じたが、王妃は気付きもしない。大金をかけて遠くからトリアノンに引かれてくる小川の水のように、金も王妃の指の間をすり抜けていく。ポンパドゥール侯爵夫人もトリアノンで造園を手がけ、デュ・バリー夫人だってヴェルサイユ郊外のルーヴシエンヌの庭園で白いドレスに身を包んで羊飼いの真似事をしたではないか。自分が同じように楽しんで悪いわけがない。無邪気に遊ぶマリーは、国王の寵姫のように楽しみを追い求める、品位を欠いたフランス王妃というイメージを巷に広めた。

マリーは「お友達」とこの美しい風景の中で遊ぶのが大好きで、まるで平民の女主人のように、招待客たちを自身でもてなした。「当時、王妃は彼女の取り巻きと呼ばれる者たちと共に、トリアノンの館を行き来された。この集まりには、エリザベート王女、ポリニャック公爵夫妻、ディアーヌ伯爵夫人、[*]シャロン夫人、ギーシュ公爵夫妻、コワニー公爵とコワニー侯爵、[**]アデマール殿、エステルアジ殿、ヴォードルイユ殿と私がいた」とブザンヴァルは述べている。集まりには植物や造園に詳しい者もいて、王妃に助言していた。リーニュ大公はこう記している。「プティ・トリアノンの芝生はより美しく、水はより澄んでいるように見える。まるで宮廷から一〇〇リューも離れているかのようだ。この美しい庭園の周囲の景観は極めて巧みに整備されているので、

* ジュールの妹

** 親族。おそらく親子と思われる

（中略）実際の一〇倍も広く見えた。ヴェルサイユの庭園から運ばれてきた大木が不規則に並んでいて、素晴らしい眺めだ。ここではあえて名は挙げないが、神のごとき人物が自らの地の出身ではない者たちを統治するのと同様に、自分の所有物ではないこの広大な土地を治めている。ここには魔法がかかっているのかもしれない」。この魔法は、ここを治める女性――王妃――がかけている。彼女は自らの治めるミニチュア王国に、わずかな数の忠実な者たちを案内した。理想化された自然と触れ合うことができるトリアノン散策は繊細な喜びをもたらし、情感を豊かにしてくれる。オーベルキルヒ男爵夫人も「神よ！　何と素敵な散歩なのでしょう！　ライラックの香りが漂い、ナイチンゲールが飛び交う木立は何とも甘美です。素晴らしい天気で、空気はかぐわしい蒸気をたっぷりと含み、春の太陽の日差しのもと、蝶は金色の羽を広げていました。これまでの人生において、王妃の隠れ家で過ごしたこの三時間ほど魅惑的な時間を過ごしたことはありません」と述べている。歴史家ジャン・シャロンも熱狂的にこう記した。「マリー・アントワネットはトリアノンの申し子、自らの作品の娘だ。彼女はトリアノンを生み出したが、まるでトリアノンから生まれたかのごとく、そのイメージはトリアノンと分かち難く結び付いている。彼女は雲の群れに乗ってさまよい、自らの手で天空の群れに餌をやる伝説的羊飼いなのだ」

神聖ローマ皇帝ヨーゼフ二世は、一七七七年に初めてフランスを訪れたのち、妹についてこう述べている。「王妃は感じのよい優れた女性で、多少若く、あまり思慮深くはないが、根は誠実で、極めて立派な徳を備えている」。彼女は、自分について流布していた様々な過ちの噂を笑い飛ばした。「私に愛人がいるという噂を立てる意地悪な方もいらっしゃいますが、それだけの数の愛人がいるのに、彼らと一緒にいないのもずいぶんと奇妙ですこと！」。ヨーゼフ二世は二度目のフランス訪問後、妹に彼女の取り巻きについての懸念を伝えた。「愛しい妹よ、あなたに最後にお会いしたときのことを覚えているでしょうか。あなたはトリアノンの道沿いにある石の上に座っていて、私は思いきって取り巻きと呼ばれる方々の集まりについてお話ししました。彼らが本当にあなたのことを思っているのか、それとも自分たちのことしか考えていないのかを知りたいのなら、時々彼らの願いを拒否すれば思いのほどがわかるでしょうし、誰があなたの栄誉と評判を重んじ、誰が単に自分の利だけを求めているのかがはっきりするでしょう、と伝えずにはいられませんでした」。どうしても友人たちを手放したくないマリーは、兄の助言に耳をふさいだ。すでに彼女の頭はトリアノンで催す次の娯楽のことで一杯だ。

つねに目立つことばかり考えているアルトワ伯爵は、俳優ニコレ率いる劇団の芸人プラシッドから綱渡りのレッスンを受けた。伯爵は運動神経がよく敏捷で、巧みに危険な芸をこなしてトリアノンの一同を驚かせた。王妃は義弟の意外な才能を引き立てるため、縁日を開くことにした。当日は王妃自らが冷たい飲み物を配り、アルトワ伯爵は玄人はだしの技で人々をあっと言わせた。

「伯爵の曲芸が素晴らしいことを、誰もが認めずにはいられなかった」。運動神経では人後に落ちないエステルアジも支柱に上って柱にぶら下げられたハムを取り、ブザンヴァルも即興でちょっとしたコンサートを開き、トロンボーンやバイオリン、二つのシャリュモー[*]に合わせてスイスの古い歌を披露した。一同は草上で夕食をとり、ベンガル花火[**]を楽しんで、楽しい縁日はお開きとなった。

トリアノンは王妃の集まりと分かち難く結び付いていたが、彼らの運命もまた、分かち難く結び付いていた。一七八五年二月二〇日、何年にもわたる根回しののち、マリーはヴェルサイユ郊外サン・クルーの城館を六〇〇万リーヴルで購入した。ルイ一六世が妻の懇願に根負けしたためだが、結果的にトリアノンへの興味が少なからず薄れることになった。それでも村落（アモー）の工事をおろそかにはせず、「赤字夫人」と呼ばれた浪費家のイメージは強まる一方だった。一七八六年初夏、彼女は四人目の子を産み、毎週馬車でトリアノンに足を運んで、理想の農場の整備具合を確認していた。だが彼女の後ろには、毎日陽気に楽しませてくれていたいつもの愉快な一行がいない。今や彼女の魔法の城の中心は、自分自身なのだ。数年来、王妃の友人たちに対する幻想は崩れか

* クラリネットの前身
** 長時間続く青色の花火

かっていた。一九世紀の歴史家ピエール・ド・ノラックは「マリー・アントワネットは友情というよりも、自らの習慣に従い続けた。相変わらずトリアノンで愉快な者たちに囲まれてはいたが、もはや彼らのことを好いてはいなかった。今や彼らの利己主義は明らかで、もはや何も期待できない王妃に昔ほどへつらうこともなかった」

トリアノンは王妃の取り巻きたちの没落の舞台ともなった。一七八七年四月九日にカロンヌが失脚し*、時代は倹約へと向かっていた。王妃はある夜、トリアノンにお気に入りの者たちを集め、彼らが国王と野心的なロメニー・ド・ブリエンヌ**の政策の最初の犠牲者になるだろうと告げた。それまで自分たちに及ぶ影響の深刻さを理解していなかった彼らは激しく動揺した。ポリニャック公爵***は駅逓長官の、ヴォードルイユは大鷹番頭の、コワニーは主馬寮長の官職を辞さねばならない。宮廷での職を失った彼らは主な収入源を絶たれ、王妃からももう何も経済的利益は引き出せないと悟ると、以前のように足しげく伺候することもなくなった。

一七八九年七月にフランス革命が勃発し、一〇月六日に国王一家は民衆によりパリへ連行され

---

* 財務総監カロンヌは特権身分の免税措置を廃止しようとして失脚した
** ブリエンヌは財務総監ではなく首席国務卿となるが、実質的に財務も担った
*** ジュール・ド・ポリニャックは一七八〇年に伯爵から公爵に陞爵（しょうしゃく）した（下巻57頁参照）

る。この年の夏、マリーは美しいトリアノンでの最後の時間を楽しんだ。各地では貴族が陰謀を企てているとの噂が流れ、これを口実に略奪、殺人、暴動、襲撃、放火が発生して〔フランス全土の農村での社会不安〕「大恐怖」が起き、ヴェルサイユ宮殿からもすっかり人影が消えた。早くもバスティーユ襲撃の翌日には亡命の第一波が起こり、アルトワ伯爵やポリニャック公爵、ヴォードルイユ伯爵一家が国外へ去った。王妃の集まりには終止符が打たれ、宮廷は今や死に体となった。それでも革命初期には、エステルアジやフェルセンやブザンヴァルのように、宮廷に留まって王室を支持する者もいたが、すべては無に帰す運命にあった。

当時、三部会のためにロレーヌ地方から上京し、トリアノンを訪問した三人の若者たちがいた。そのうちの一人、コニェルは次のように述べている。「我々が出ていこうとしたとき、王妃がやってくると告げられた。庭園の出口まで行く時間がなかったため、案内人は我々を家畜小屋に入れた。王妃は一人の女官に付き添われていたが、もう下がってよいと告げ、一人で酪農小屋の方へ向かった。簡素なリノンのドレスを着ていて、薄布のスカーフを巻き、頭にはレースをかけていた。質素な身なりにもかかわらず、我々がヴェルサイユで見た宮廷服姿のときよりも、さらに威厳に満ちていた。彼女の歩き方はとても独特で、足取りを感じさせず、何とも言えず優雅に滑るように歩く。我々はこうして見ていたが、自分一人だと思っていた王妃はさらに誇り高く顔を上げた。我らが王妃はすぐそばを通り過ぎたが、その瞬間、我々は三人とも膝を折ってお辞儀したい衝動にかられた」。民衆は日ごとに政府を脅やかし、トリアノンで一人過ごす王妃の挙動に目を光らせていた。

ローザン公爵

「素朴さを失う代わりに、偏見も失われる」
ディドロ

ローザンは軽やかな一八世紀末をそのまま体現したような人物で、エレガントで魅力的、享楽的でどこか無感動な屈託のなさは、フランス革命により無残にも打ち砕かれることになる。しかし、その時はまだ来ていない。今のところ人生は夢のようで、ローザン公爵は人生を楽しもうと意気込んでいた。彼は王妃の人生における流れ星のような存在だ。一瞬輝き、跡形もなく消えていく。だが王妃からいたく気に入られていたことは事実だ。ローザンは悠々たる物腰で、一八世紀の放蕩者の典型のような人物だった。父方はペリゴール地方の名家で、代々王家に仕え、アンリ四世は一五九八年にビロン男爵領を公爵議員領に格上げしてこれに報いた[1]。

アルマン＝ルイ・ド・ゴントー＝ビロンは一七四七年四月一三日に生まれた。マリー・アントワネットより八歳年上ということになる。高位の貴族にはありがちなことだが、彼も寂しい幼少時代を送った。父である第七代ビロン公爵シャルル＝アントワーヌは誠実な人物で、軍人としても一目置かれ、オーストリア継承戦争における一七四三年のデッティンゲンの戦いで負傷し退役を決心した。アルマン＝ルイは、近寄り難く、彼から見れば陰気な父親を恐れ、決してなつくことはなかった。母アントワネット・クロザ・デュ・シャテルは大変な資産家の出で、莫大な持参金と共に嫁入りし、嫁ぎ先の家名をさらに高めた。彼女の祖父アントワーヌ・クロザは、ルイ一四世治世末期に王国一の富豪と目された人物で、「金持ち」と呼ばれ、オワーズ川とソンム川をつなぐ「クロザ運河」を自前で建設したほどの財力と能力の持ち主だった。貴族と資産家の婚姻から生まれた唯一の子がアルマン＝ルイで、ビロン公爵夫人は出産から三日後、わずか二〇歳で産褥熱のため他界し、幼い子は母の愛情を知らずに育ち、成人後は貪欲に女性の愛情を求めた。

息子アルマン＝ルイからは堅物だと思われていたビロン公爵だが、意外にも色事や世才と無縁ではなかった。当時、ルイ一五世は愛人マリー＝アンヌ・ド・マイイ＝ネールにシャトール一公爵領を与えたが、ビロン公爵は彼女に近づいた。愛想がよく、社交界や宮廷の礼儀作法に通じている公爵は国王を囲む一団の常連となり、好機に乗じてヴェルサイユに居を移した。シャトールー公爵夫人が病にかかると、彼は熱心に病床に通ったが、看病のかいもなく若くして他界した。

* 第一代ゴントー公爵

しかし国王からの覚えは相変わらずめでたく、新しい寵姫も感じのよい彼の人柄を評価した。新しい寵姫とは、エティオール夫人ジャンヌ・アントワネット・ポワソン。ポンパドゥール侯爵夫人として世に知られることになる女性である。後年アルマン＝ルイは、父は我が子には無関心だったが、いくつかの長所を備えていたと渋々ながらも認めている。「父は信用をうまく利用して、多くの人々から好かれた。父ほど敵が少ない人を私は知らない」。とはいえ、アルマン＝ルイは自分には父も母もいないと感じ、父を愛することもなかった。ビロン公爵は子どもに煩わされるのを嫌い、亡き妻の従者ロッシュを「教育係」に任命した。ロッシュは教育者としての訓練は受けていなかったが、幼いアルマン＝ルイに読み書きや歴史の初歩を教え込むよう命じられた。だが貴族社会で重要なのは、博識ではなく社交界や宮廷の礼儀作法である。ロッシュは任務に熱心に取り組み、厳格に教育を施したが、ほどなくして生意気な生徒と衝突することになる。

国王の覚えもめでたく、ポンパドゥール夫人とも親しく行き来するビロン公爵は、ヴェルサイユに伺候するのはもちろん、ルイ一五世の気まぐれのままにフォンテーヌブローやコンピエーニュ、ショワジー、ラ・ミュエットへと次々に移動を繰り返す宮廷と行動を共にした。息子にどう接していいかわからない公爵は、とにかく宮廷に従って自由に身動きできるように、ロッシュ指導下の彼を義妹ルイーズ・クロザ・デュ・シャテルに預けた。子どものいなかったルイーズは、アルマン＝ルイに母性愛を注いだ。彼女の夫ショワズール＝スタンヴィル伯爵は結婚後間もなくショワズール公爵となり、才覚とポンパドゥール夫人の庇護を足がかりにルイ一五世の有力な宰相として権勢をふるっていた。そのためアルマン＝ルイは多くの時間をヴェルサイユの叔母のもとで過ごし、宮廷のあらゆるサロンに連れて行かれた。父が国王を囲む集まりに連れて行ってくれることもあり、アルマン＝ルイは誘惑者の片鱗を見せ始める。金髪で顔立ちも美しく、幼いながらも大貴族の風格を漂わせる彼に、ルイ一五世は目を瞠り、魅了された。国王は意外にも子ども好きなのだ。これまでにも国王は、天真爛漫さで大人を楽しませる、芸を仕込まれた見世物のサルのような貴族の子弟たちを数多く目にしてきた。中でもアルマン＝ルイの人気は群を抜いていて、ポンパドゥール夫人も彼をいたく気に入り、幼いながらも堂々たるその声で本を朗読してほしいと頼んだほどだった。「つまり、私は幼少期の最初の数年を宮廷、いわば国王の寵姫の膝の上で過ごしたのだ」と彼は回想している。宮廷婦人たちは面白がって、彼に恋い焦がれていると公言していた。少年は青年となり、優雅さ、利発さ、鋭い感性を身につけ、ある時点から子どもらしい愛撫は年不相応だとして禁じられるようになった。幼い笑い声は男性らしい囁きに取って代わられた。彼がひたすら快楽を追求しながらも、つねにそこに感情の裏付けを必要としていたのには、こうした背景がある。彼の奇妙な幼年時代に目を向ければ、教育こそ完全におろそかにされたものの、世渡りに必要なすべは完璧に身につけたことがわかる。ヴェルサイユ宮廷やのちの王妃の集まりで、それ以外に必要なものなどない。こうした処世術のおかげで、「美貌のローザン」は誰の目にも明らかなきらめくような成功を手にしたのだ。大人社会の渦の中で育ち、誰からも良心というものを教えられなかった彼は、早い時期から恐れを知らない誘惑者となった。

父不在の幼少時代を送った彼にとって、父親的存在は伯父、第四代ビロン元帥ルイ＝アントワーヌだった。ルイ一五世時代、戦場で数々の手柄を立てた彼は国王の許可を得て、傍系であるアルマン＝ルイにローザン公爵領と、パリのヴァレンヌ通りに建つビロン邸を残した。[2] ルイ＝アントワーヌは豪胆な軍人であり、非日常的な世界に生きる威風堂々たる人物だった。[3] アルマン＝ルイは伯父の大物らしい人柄に魅了され、輝かしい軍人一族の血を引いていることを自覚した。彼は父の同意を得て、一四歳で伯父が指揮するフランス衛兵部隊に入隊した。入隊時は旗手として、その後少尉に昇格した。彼を可愛がっていたルイ一五世は、元帥職の襲職権*を約束してくれた。こうして軍人として前途洋々の出発を切り、実際見事な戦績を挙げた。彼は自信満々に臆面もなくこう述べている。「私はあの年にして、よき臣下になる努力などせずとも、大変な成功と王国の最高位が約束されていることを知っていた」。確かに彼にはさしたる心配事もなく、自分の置かれた環境に縛られたり、出自による運命を甘受したりする気などはなかった。

* 一定の税を納めることで官職を継承する権利

きっと、ヴォルテールの言葉「あまりに名高い家名は重くのしかかる」を知らなかったに違いない。

アルマン＝ルイは意欲的に軍務に取り組んだ。見かけこそ軽薄だが、中途半端な仕事はしなかった。勇敢で頭の回転が速く、努力を惜しまず、並外れた体力に恵まれ、熱心に訓練をこなし、仲間からもよき戦友と見なされた。

＊＊＊

子どもらしい幼少期を許されず、早いうちから軍隊という男性的な環境に身を置いたアルマン＝ルイは、情事や恋愛の分野でもかなり早熟だった。すでに一五歳にして誘惑の世界に足を踏み入れ、ポンパドゥール夫人がロワール川沿いに所有するメナール城に滞在していたときに、夫人の侍女と恋愛関係を結んだ。ロッシュは二人の関係に気付き、アルマン＝ルイを叱りつけてパリへ連れ戻した。だが彼はすでに恋の喜びや快感を知ってしまった。発見したばかりのこのえもいわれぬ甘美さをあきらめるつもりなどない。彼は年と共に、申し分のない魅力的な男性に成長した。背が高く均整が取れた体つき、幼少期から変わらぬ金髪、緑色の目。長くまっすぐな鼻や意志の強そうな顎や、いつも半ば閉じていて人を見下すような目つきが尊大な物腰を一層際立たせている。右耳の金のイヤリングは、この育ちのよい青年が実はさほど従順ではないのかもしれないと思わせる。各国の大使を国王の謁見に先導していたデュフォール・ド・シュヴェルニーは、「自然は彼にあらゆる恩恵を与えたかに見えた。一六歳で、この上なく魅力的で、端麗で、名家の出身で、公爵の息子にしてビロン元帥の甥そして後継者で、権勢を誇る宰相ショワズールの甥。これ以上何を望もうか。人をひきつけ、高貴な物腰で、大貴族に似つかわしく華やかな彼はあらゆる喜びを味わった」と書いているし、アルマン＝ルイ自身も、「この年齢の若者の例にもれず、私もしばらくの間女性たちを追いかけたが、決まった恋人はいなかった」と述べている。奇妙なことに女性たちは例外なく、魅力的な人柄、騎士的な優雅な物腰、自由闊達さ、生まれながらの才気煥発さを兼ね備えた若き公爵を信頼した。華やかな恋愛遍歴と移り気なところも、女性たちの興味をそそったのかもしれない。

あまりにも簡単になびき、自分から利益を引き出そうとする侍女たちに早々に飽きた彼は、上流階級で初めての浮名を流し、醜聞を巻き起こした。当時一八歳だった彼の気を引いたのは、叔母ショワズール公爵夫人の義妹だった。その数年前、ショワズール公爵の弟スタンヴィル伯爵ジャック＝フィリップ・ド・ショワズールは、二〇歳近く年下のテレーズ・ド・クレルモン・ダンボワーズと結婚した。新妻は美しく、しかも持参金は莫大だった。結婚式当日、アルマン＝ルイは一歳年上の彼女に心底夢中になり、恋心を隠そうともしなかった。「結婚式当日、私は初めてスタンヴィル夫人を目にした。このとき彼女が私に与えた印象は、今も消えずに残っている。私は瞬時に情熱的に彼女に恋をし、人々は冗談の種にして、彼女の知るところとなった」。スタンヴィル伯爵夫人となったテレーズは自分よりもずっと年上の夫にはあまり興味を示さず、自分が若いアルマン＝ルイの心に恋の炎を灯したことを知って、これに応えてもいいと思ったようだ。だが彼の恋心を知っているのはテレーズだけではない。叔母のショワズール公爵夫人は激怒し、あまりに大胆な甥から義妹テレーズの純潔を守ろうと決心した。義妹にひかれていた公爵も、若者だけに楽しい思いはさせまいと妻に肩入れした。そこでロッシュがアルマン＝ルイの一挙手一投足を見張り、若き二人の純潔を守るよう命じられた。二人が相思相愛だったとしても、そんなことは問題ではない。まるで奇想天外な喜劇のごとく、逢引のために奉公人たちが買収され、恋人たちは永遠の愛を誓い合った。一般に男性は静かに恋心を抱くと言われるが、ローザンは女性に関しては、激しやすく気まぐれな情熱家だった。激情に駆られて節度を欠いていると後ろ指を指されようと耳を貸さず、恋心を抑えるつもりもなかった。

不名誉の危機が迫る中、ショワズール公爵夫人は彼を早急に結婚させるよう、義兄ビロン公爵を説得した。結婚すれば、放蕩も少しは収まるかもしれない。甚だ空しい期待ではあるが、虚飾が重要とされる宮廷社会では、何としても体面を保たねばならない。しかし縁談には金銭問題や政治がつきものだ。そこでビロン公爵は友人リュクサンブール公爵夫人に相談した。夫人は今でこそ美徳の鏡とされているが、アンジェリーク・ド・ヌフヴィル・ド・ヴィルロワと呼ばれた若い頃はずいぶんと浮名を流した。[4] 彼女にはアメリー・ド・ブフレールという名の孫娘がいた。父はアメリーが生まれる前に亡くなり、母は娘が三歳の時に他界した。一五歳になるが、ブフレール公爵とマリー＝アンヌ・ド・モンモランシーの娘という血統は申し分なかった。しかも両親の莫大な財産の唯一の相続人でもある。魅力的で純真なアメリーは、自分には何の関係もない利害のために、罪なき仔羊として狼の前に差し出された。

一七六六年二月四日、ビロン公爵とリュクサンブール公爵夫人の後押しが功を奏し、一九歳のアルマン＝ルイはブフレール嬢と結婚した。結婚に際してルイ一五世から勅許状が出され、元帥同意のもとアルマン＝ルイはローザン公爵となった。美しく初々しいアメリー・ド・ブフレールは理想的な妻で、かつて彼女と会ったジャン＝ジャック・ルソーも手放しでほめている。「何と可愛らしい人だろう！　見目美しく、穏やかで、乙女のように内気だ。この上なく愛らしく快い姿で、この上なく愛情のこもった純潔な気持ちを起こさせる」（『告白』より）。ブザンヴァル男爵も彼女について、「ローザン夫人は教育のたまもののような人物で、私の知る限りもっとも完璧な女性だ」と絶賛している。いつもは高い教育を受けた人に手厳しいスタール夫人も、「ローザン夫人は大変尊敬されているが、それは単に徳が高いからだけではない。彼女が周囲から高く評価され、敬意を払われているのは、純粋な心と善良な思いを備えているからであり、そうした心映えは一挙手一投足に表れ、その顔立ちにも反映されている。ローザン夫人は人から見られるとすぐに顔を赤くし、人から見られていたと知るとさらに赤くなる」とユーモアを交えながら語っている。確かに彼女は非常に慎み深く上品だった。だがそんな美徳も、刺激を好むローザン公爵の目には大して魅力的に映らなかった。「父はまるで熱烈に結婚を望む恋人たちの縁結びをしたがごとく、私を結婚させたことを自慢にしていた。彼女は私を愛してもいず、相性もよくないのに。式後、私はショワズール公爵夫人宅へ行き昼食をとったが、悲しみはいくら隠しても隠しきれなかった」。父が選んだ女性というだけで、アメリーへの気持ちは冷える一方だった。

心優しく純真なアメリーは不幸にも、戦と野心と快楽にしか目がない夫の浮気を耐えねばならなかった。ローザンは名門としての体面を守り、洗練された物腰を崩さなかったが、欲望の追求にかけては徹底していた。放蕩と優雅さは両立するのだ。快楽という点からすると、ローザンにとって妻は退屈で、興味を引くような魅力もなかった。妻以外の女性なら誰でも愛せると豪語したほどだ。そんなわけで、彼はボーヴォー大公令嬢との情事もあきらめるつもりはなかった。かつてローザンは彼女との結婚を強く望んだのだが、父ビロン公爵は決して認めなかったのだ[5]。新婚だというのに、アメリーは夫から愚弄されてばかりだった。ローザンにとって結婚の誓いなど無意味にも等しく、情事や恋の駆け引きを際限なく繰り返した。ヴェルサイユ座の女優ウジェニー・ボーブール、ポンパドゥール夫人の姪でエスパルベス伯爵夫人アンヌ・トワナール・ド・ジュイ、タングリ公妃など数多くの女優や宮廷婦人をとっかえひっかえ、気まぐれに楽しんでいた。回想録では女性遍歴を長々と熱烈に綴り、屈託なくごく自然に披露している。回想録にちりばめられた激しいロマンティシズムは、奇をてらうことなど一切ないローザン公爵の性格を映し出している。回想録自体が、誘惑者ローザンが打ち立てた一大モニュメントなのだ。だが同時代人はそんな彼の態度にだまされなかった。「彼はフランス女性、ポーランド女性、イギリス女性のみならず、未婚女性をも貶めるのに懸命ですこと」とアデマール夫人は冷笑している。

愛のない夫婦だったが、彼は大貴族らしく妻に敬意をもって接した。彼らは単なる二人の他人であり、その道が交差することは決してない。ただし偽装結婚ではないので、ローザンは夫としての権利を行使したが、こう告白している。「欲望を起こさせない女性に欲望を期待するほど、私は不当な人間ではない」。結局のところ、彼らの結婚生活はほかの宮廷人たちと比べてさほど不幸というわけではなかった。宮廷人にとって、結婚は財産を増やしたり守ったりするための有効な手段であり、伴侶としての義務は無視して、不都合な点は回避していた。彼らの不幸な結婚生活は宮廷中に知れ渡っていたが、ローザンは妻につねに注意を払い、気配りを絶やさなかった。結婚当初は愛情深い思いやりを見せようと努力したことさえある。だが、アメリーは冷たく不機嫌で疑り深い態度を崩さず、彼は冷や水を浴びせられた。とはいえ、彼自身もさほど熱心に努力を重ねたわけではない。数か月もすると、冷淡な妻のために骨を折るのに疲れてきた。今まで女性たちから美徳がどうのと言われたことがないからなおさらだ。あるとき情事の相手から、結婚していることをとがめられると、「結婚していないも同然だから、そんなことを話す必要さえない」と答えた。

アメリーは事あるごとに新居から逃れた。オーベルキルヒ男爵夫人は、「ローザン夫人は少しも幸せそうではない。ご主人のことについては、誰よりも彼女が知っているだろう。妻を顧みず、しばしば恥ずべき愛人を作る夫のせいで、彼女はいつも悲しんでいる。不満も言わず、夫を責めもしない。黙ったまま、何も話さない」と語っている。一方、ローザンは早々に結婚生活に見切りをつけていた。シャンフォール*は次のようなエピソードを記している。「もし奥方から妊娠を告げられたらどうするかとローザン殿に尋ねたところ、彼は考えてからこう答えた。『ようやく天が我々の結婚を祝してくれたと知って、うれしい思いです』と言うでしょうな、と」

名ばかりのローザン公爵夫人は陰鬱な気持ちを抱えたまま、パリのリュクサンブール公爵夫人宅とシャントルー城を行き来した。ショワズール夫人はシャントルー城で一年のほとんどの時間を過ごしており、若き夫婦の結婚生活を助けたいと考えていた。「私はシャントルーであれこれ

＊　下巻「ヴォードルイユ伯爵」注19参照

と悩まされないことを期待していたのだが、ほどなくして、私が妻を愛するようにとあの手この手で画策されるのに辟易して、耐えられなくなった」とローザンは述べている。のちに贅沢三昧の生活を送る夫の青天井の浪費を危惧した妻は、夫婦の住まいを離れて、夫とは事務連絡をやり取りするだけとなった。

ローザンはひたすら色事にのめり込んだ。叔母のショワズール公爵夫人の反対を意にも介さず、スタンヴィル夫人と肉体関係を結び、かつてこの魅力的な義妹を愛人にしていたショワズール公爵を悔しがらせた。[6] アルマン＝ルイはヴォーベルニエ嬢のもとにも足しげく通った。むしろジャンヌ・ベキュの名で通っているこの女性は、後年デュ・バリー夫人として知られるようになる。「彼女は私に欲望を起こさせ、満足させてくれた」と彼は回想している。二〇歳にして名うての誘惑者として世に知られるローザン公爵に、世間の夫たちは妻を寝取られやしないかと戦々恐々とした。彼は貪欲な愛人であり、女性たちが刹那の欲望を満たしてくれる限り、興味を示した。彼にとって貞節とは束縛でしかない。フルーリー公爵夫人にロマンティシズムを交えながら女性遍歴を語ったときには、笑いをこらえきれない夫人に「何ですって？　ローザン様、あなたが繊細だとおっしゃるの？　そんなこと想像もできませんわ！」と言われた。実際、彼の愛は最初のうちこそ真摯だが、長続きしたためしがない。情熱的だが、恋人が別の伊達男に走っても気を悪くしたりはしない。逆に、これで別の女性を口説き落とす自由を取り戻したと喜んだくらいだ。彼の感情には貞節とか義務といった概念が欠けている。愛人の一人エスパルベス夫人——彼女も美徳には無頓着だった——は彼にこう助言した。「あなたには女性をひきつける魅力がたくさんあります。愛人を一人失っても、また別の女性が現れますわ。それが幸せをつかむ道なのです」。誘惑の才に恵まれた彼は情事に突き進んだ。リーニュ大公は当時の考え方を要約して、「人々は知り合ったときのように別れた。恋人であることに幸せを感じ、もはや恋人でないことに満足を感じた」と記している。

こうした情事に彩られた生活を送っていたローザンは、その後の人生を左右することになる二人の人物と出会った。一人はシャルトル公爵。のちのオルレアン公爵で、アルマン＝ルイとは誕生日が同じだ。もう一人はゲメネ大公で、名門ロアン一族の一員であり、のちに首飾り事件に登場するルイ・ド・ロアン＝ゲメネ枢機卿の親戚に当たる。この二人の影響で、ローザンはルイ一六世の政策と対立するようになり、マリーの内輪の集まりに加わるようにもなった。大貴族たる者、いかなる妨害をものともせず放埒の道を極めねばならないとばかりに、彼に「教育」を施したのもこの二人だった。色事に通じているルイ一五世は可愛がっているローザンの噂を耳にして、フォンテーヌブローでの狩りの折に彼に向かって、「貴君たちの頭は悪知恵で一杯だが、体は立派だ。夕餐に来るがよい。ゲメネも連れてくるように」と言った。二人の友人は無類の贅沢好きで、彼らの催す夜会は華々しく、邸宅は豪奢で、常軌を逸した浪費ぶりを知らぬ者はいなかった。魅力的で機知に富み財力豊かなローザン公爵は、輝かしい若さを享受する彼らのまたとない同志となった。時にはディロン嬢を巡ってローザンとゲメネが争ったように、恋のライバルになることもあったが、女性が原因で仲間割れすることはなく、ゲメネは「我々のためにそれぞれが恋に励もう。ディロン嬢が誰を愛人に選ぼうと、友情が失われることはない」と語った。誰が勝っても、友情にひびが入るよりはましだ。ローザンがゲメネの了解を得て美しき彼の妻を味見しようと思いついたのにも、こうした背景がある。

ローザンは今の生活に満足していた。恋愛に関しては不実な彼も、友情には真摯だった。タレーランはシャルトル公爵とローザン公爵との関係を観察し、彼のこうした傾向に気付いた。「〈友情に厚いという〉この名誉ある感情は、オルレアン公爵ではなくローザン殿のみに帰す。ローザン殿は勇敢で夢見がちで寛大で機転が利く。年齢の近さや生き生きとした魅力、どこか似通った機知、ほぼ同等の栄えある地位などが彼らを結び付けたが、じきにオルレアン公爵を好きになるには勇気が、擁護するには寛大さが必要となった。この二つの美点を必要とするオルレアン公爵との友情はローザン殿にとってさらに重要となり、その夢見がちな性格はあらゆる空想を生んだ。彼はこうした空想を通して、友情を保っていたのだ」

彼らのような若い貴族の暇つぶしの一つがロンドン旅行で、旅先ではジェントリー*から厚い歓待を――とりわけ一七六三年のパリ条約調印以降――受けた。彼らはイギリスにかぶれ、ゆったりとした宮廷服を捨ててテールコートを着用し、重々しい四輪馬車の代わりに二輪馬車に乗った。秩序だったフランス式庭園ではなく、意図的に葉を生い茂らせたイギリス式庭園を愛した。こうした様式がフランスに紹介されると、女性たちはリヨンの絹製品からイギリスのポプリンやリノンに乗り換え、ダイアモンドの代わりに色つきガラスで身を飾った。ゴブラン織りのタピスリーは壁紙に取って代わられ、バターを塗ったパンやお茶が消費されるようになった。ホレス・ウォルポールは「あらゆるイギリス的なものに対するフランス人の情熱に比べれば、あらゆるフランス的なものに対する我々の情熱など取るに足りない」と言っている。イギリス熱がファッションやインテリアや造園のみに限られていれば、さほどの影響はなかったはずだ。だがイギリス式の議会政治が紹介されると、軽はずみな若者たちの胸にくすぶっていた絶対王政に対する反抗心が煽られた。ヴォルテールは『哲学書簡』で、主に個人の自由の保証という観点からイギリス政体を称賛し、若い貴族たちもスイスにほど近いフェルネの館に住むこの年老いた哲学者にならってフランス王国の改造を夢見た。

* 貴族階級には属さないがイギリスの上流階級層を構成していた地主層

ローザンは色事だけに夢中になっていたわけではなく、野心的な軍人でもあった。結婚してから一年半後の一七六七年一〇月、フランス衛兵第一中隊准将および歩兵連隊長に任命された。約半年後の一七六八年六月には、ジェノヴァ共和国が、パスカル・パオリ率いるコルシカ独立を目指す反乱軍制圧の援軍をショワズールに要請したため、ローザンは遠征隊のショーヴランの補佐官に志願した。「銃撃される可能性は、無視するにはあまりにも高かった。私が戦死するのではないかと恐れる親戚たちを前に、私は居心地が悪かった。(中略) 私は戦功を望む機敏な軍人として、熱心かつ積極的に戦いに従事した」。これは単なる虚勢ではなく、彼の生涯を通して見られる、生に対する一種の無関心の表れだ。この戦で彼は兵士たちと親しみ、上官たちから高く評価された。労を惜しまず、命の危険を恐れない彼について、コワニー侯爵は陸軍大臣に「ローザン殿は驚異的な人物で、銃撃戦好きですから、ずいぶんと満足したことでしょう」と書いている。従軍をきっかけに、のちにフランス革命で頭角を現す弁論家ミラボーと知り合い、コルシカ地方長官シャルドンの妻を愛人にした。

一年後、彼は豪胆さと積極性、責任感が買われて、サン＝テュベール城で狩りをしていた宮廷に勝利の報せを伝える役を仰せつかった。「私は昼も夜も走り続け、一七六九年六月二九日午後五時にサン＝テュベールに到着したときには、疲労のあまり半ば死んだようになっていた。私はショワズール公爵を訪ね至急便を渡した。国王は私を部屋に迎え、この上なく親切に遇してくださった。（中略）私はこの報せの報酬として、聖ルイ勲章を授かった」。こうして国王は彼への好意を改めて確認した。だが一番驚いたのはルイ一五世からの厚遇ではなく、国王の公式寵姫となっていたかつての愛人デュ・バリー伯爵夫人との再会だった。彼女は彼に「こんなところでお会いしようとは思いもしませんでしたわ！」と声をかけ、国王の方に振り向いて無邪気に「ずいぶんと昔のことですが、ローザン殿はお友達の一人でしたのよ」と述べた。この新寵姫に取り入ることができなかった父ビロン公爵とは違って、ローザンはずいぶんと気に入られた。彼は戦で手に入れた評判を思う存分利用し、元帥である伯父の指揮するフランス衛兵隊での軍務を果たすため、ヴェルサイユに居を構えることにした。コルシカ戦で箔が付いた軍服姿のローザン公爵は、今や時代の寵児としてサロンで引っ張りだこになった。

こうした背景のもと、公爵は一七七〇年五月に輿入れしてきたマリー・アントワネットと出会うことになる。

＊＊＊

一七七〇年一二月、デュ・バリー夫人のルイ一五世への働きかけが功を奏して、ショワズール公爵が罷免された。夫人と公爵はもう何か月も前からいがみ合っていたが、夫人にとって、彼を罷免させるのは大して難しいことではなかった。ルイ一五世は自分の判断で物事を進めるショワズールのことを腹に据えかねていたからだ。国王の縄張りである外交の分野では特にそうだった。一七七〇年一二月三一日、国王はショワズールの辞任を要求し、ショワズールは絶望しながらも、追放は長くは続かないはずだと確信してヴェルサイユを離れた。ローザンは一族への忠誠と連帯から叔父の失脚に連座することにし、宮廷を去って叔父についてシャントルー城に引きこもった。だがショワズールの追放生活がいかに洗練されていようとも、時の英雄ローザンにとってトゥーレーヌ地方の田舎はあまりに退屈だった。

王太子妃マリー・アントワネットは政治には全く興味を示さず、大臣を任命したり罷免したりする楽しみもまだ知らなかったが、母国との同盟の立役者であり、未来のフランス王妃への道を開いてくれたショワズールの逆境を気の毒に思った。一七七一年一月、マリーはシャントルー城から戻っていたローザン公爵に声をかけてみることにした。それまでもフランス衛兵隊に所属していた彼と宮殿のサロンですれ違ったことはあり、ショワズールの近況が聞けるだろうと考えた。

「私はヴェルサイユの王太子妃の舞踏会に行き、大変な歓待を受けた。多くの人が私を囲み、シャントルー城の近況を聞いてきた。誰もが私の勇気を評価しているように見えた。今までこれほど立派な役を演じたことはない。王太子妃はあの優雅な動きで私のもとに来ると、『ショワズール殿はいかがお過ごしですの。お会いになったら、私はご恩を決して忘れないこと、つねに深く気にかけていることをお伝えください』とおっしゃった」「当直を終えた私はシャントルー城に帰り、ショワズール殿にこのことを伝えた。非番の間はずっとシャントルー城にいた」。失脚宰相ショワズールへの忠誠をつらぬき、宮廷婦人から目に余るほどの支持を集めるローザンはルイ一五世の怒りに触れ、冷遇された。だがさらなる野心を秘めた彼は、老王の不機嫌を気にも留めなかった。彼は機知にあふれ、感じがよく、魅力的で、この上なく朗らかで、饒舌だ。そんなあるがままの自分の姿をマリーに見せ、娯楽や若者を求める王太子妃はそうした長所に魅了された。宮廷では彼の放蕩生活は知れ渡っていたから、マリーも知らないわけはなかっただろう。だが自分には危険は及ばないと判断して、意に介さなかった。未来のフランス王妃たる者が、一介の公爵の恋人の一人になるなど、考えようもない。

マリーとの最初の出会いは形式的で、何かにつながるわけではなかった。だが軍服好みの彼女は、銀のブレードが縫い取られた青い軍服を着こなす容姿端麗な司令官に無関心ではいられなかった。彼女はローザンの自然な朗らかさにひかれたが、それは自分だけに向けられたものではなく、女性を相手にするときの彼の普段の態度であるとはまだ知らなかった。若者特有の天真爛漫さから、マリーはあの美貌の士官は自分に恋心を抱いていると想像しては楽しんで、彼の視線にときめいた。ローザンは愚か者ではなかったから、自分が王太子妃にどんな印象を与えたかを悟った。同時に多くの宮廷婦人と浮名を流す明晰な彼は、夫との結婚生活を成就できない女性の無垢さをも見抜いた。

一七七一年五月一四日、義弟プロヴァンス伯爵の結婚式が挙げられた。宮廷屈指の美女たちと踊るローザン伯爵の端整な姿を、マリーはじっくりと眺めた。もって生まれた明るさを見せながら、巧みに戯言を弄す完璧な男性。彼は明らかに自分の魅力を知り抜いていた。宮廷作法により、王太子妃は王族の男性と数曲のメヌエットしか踊れない。変人のコンティ大公、陰鬱で退屈なコンデ大公、彼の息子でうぬぼれ屋のブルボン公爵と踊ったが、何とつまらないことだろう！ それでも二四歳のローザン公爵の洗練されたダンスや、宮廷女性たちと接している様子を観察できるのが、せめてものなぐさめだった。

たまたま顔を合わせることもあった。一七七二年六月の気持ちのよいある日の午後、マリーの前に親族のシャルトル公爵がローザン公爵と共に姿を現した。シャルトル公爵は自らイギリス風の軽馬車を操り、一人の侍者も連れていなかった。そうした身の軽さや自由さはマリーの目に好ましく映った。若者たちは、若さやうっとりするような優雅さや皮肉な機知や魅了的な物腰で周囲に旋風を巻き起こす。ローザンといるときのマリーは、笑わされてばかりだ。一六歳の王太子妃が彼にひかれないはずがない。シャルトル公爵は生き生きと熱を込めて、奴隷売買が行われていたイギリスで、マンスフィールド卿がイギリス領土内での奴隷制度を違法と断じた判決を語った*。デュ・バリー夫人にも、行く先々に同行したザムールという幼い黒人の使用人がいて、ポリニャック侯爵**から地理を教わっていた。[7] だが、こうした子どもたちが自由の身なのか否か知ろうとする者は一人としていなかった。若い彼らは真面目な話題も取り上げるが、いつもの軽い調子は変わらなかった。庭園を散策して、燦々と降り注ぐ陽光を楽しむ。道すがら、シャルトル公爵はマリーに、ジャンリス夫人への愛を打ち明け、熱っぽく思いのたけを語った。こうした感情にマリーは少なからず当惑したことだろう。ローザン公爵はそんな彼女の様子に気付き、話題を初夏に予定されているマルリーへの宮廷の遠出に向けたが、目も眩むような想念や感情の渦にマリーの動揺は収まらなかった。

軍務を終えたローザンにもはやヴェルサイユにいる理由はなく、冷たい態度を取り続けるルイ一五世のご機嫌取りをする気もなかった。数週間ロンドンに滞在したことのある彼は、一七七三年春に再びロンドンの社交界を楽しみに行くことに決めた。イギリス好きでは彼に劣らないシャルトル公爵も大賛成し、友人を紹介した。洗練され評判も高いローザン公爵は、たちまちのうち

* アメリカからイギリスに連れてこられた奴隷サマセットが逃亡し、最終的にジャマイカで投獄された事件の裁判で、マンスフィールド卿はサマセットを無罪とし、奴隷制度を断じた。サマセット事件として知られる

** ジュールとは別人。フランソワ＝カミーユ・ド・ポリニャック

にロンドン社交界の人気者となった。ロンドンでも後くされのない情事を楽しんだが、ある日レディ・ハリントンの紹介で三〇歳のチャルトリスカ公妃と出会い、一目で恋に落ちた。[8] ポーランド出身の彼女はロシア人の恋人レプニン大公と旅行中だったが、恋人の存在などローザンにとっては問題にもならなかった。イザベラ・チャルトリスカはローザン公爵が首ったけになった女性の一人で、女性は外見に恵まれなくとも魅力的になれることを体現する人物だった。彼女の言葉には知性がにじみ出ており、「私の姿は私の心のようだ。いずれも最大の長所は巧みさで、おかげで私はどちらの価値も引き上げるすべを知っている」と述べている。ローザン公爵はレプニンと決闘したのち和解したが、イザベラを奪い取り北欧の旅へと連れ去った。だが彼女はローザンほどこの恋にのめり込まなかった。先進的なフェミニストだった彼女は独占的な関係に束縛されるような女性ではなく、ポーランドに到着するや、やや疎ましいフランス人の恋人と距離を置いた。ローザンはワルシャワまで恋人を追いかけ、彼女の使用人を買収して、夫の不在の隙に姿を現した。「私たちは自分でもどれほどの激しさで愛し合っているのかわからなかった。この上なく愛情に満ち、燃え上がった二つの心が出会ったのかもしれない。(中略) 愛と自然の法からは、誰も逃れることはできない」とローザンは特有のロマンティシズムを交えて語っている。彼は生まれて初めて恋に身を焦がしたが、イザベラがこの激しい関係にさほど夢中でなかったことには触れていない。彼は恋心に心身を苛まれるようになり、情熱的な告白を繰り返しては気を失い、じきに嫉妬に悩まされるようになった。愛情と猜疑心が混じると、非難に変わる。目も眩むような激しい恋愛は、最後には穏やかで礼儀正しい友情に変わった。イザベラとローザンの間には子どもが一人いたが、チャルトリスキ大公は彼らが別れるのを条件に子どもを認知すると約束した。* ほぼ一年にわたるワルシャワや北欧での波乱の滞在ののちに帰国したときには、ルイ一五世はすでに一七七四年五月に他界しており、自分にたいそうな興味を示していた幼い王太子妃はフランス王妃になっていた。

彼は一七七〇年から七五年にかけて幾度もロンドンに滞在し、競馬に目覚めた。一七世紀初頭にジェームズ一世が立ち上げたニューマーケットやドンカスターでのレースに足を運び、すっかり夢中になったのだ。フランス人たちも、流行になりつつあったこの優雅なジェントルマンの娯楽に熱狂し、もっとも裕福な者たちは母国に広めようと思い立った。フランスで初めて競馬が開催されたのはその約一〇年前の一七六六年一月二八日で、会場にはこの種のスポーツに理想的な条件を備えたヌイイーのサブロンが選ばれた。というのも、毎年ルイ一五世による国王付属部隊の閲兵式がここで行われていたからだ。競馬にかけてはフランス人よりずっと経験豊かなイギリス人たちも競馬に参加し、フランス人ジョッキーとしては草分け的存在のローラゲ伯爵と、イギ

* ローザンは回想録の中で、イザベラの二人目の子どもコンスタンティ・アダムは自分の子だとしている

リス人ジョッキー、フォーブス卿が対決した。多くの観客が詰めかけ、熱狂は最高潮に達した。だがローラゲ伯爵は惨敗し、物見高い観客をがっかりさせた。さらにレースの三日後にローラゲ伯爵の馬が死ぬと、毒殺ではないかと噂され、レース自体が果てしない論争の的となった。競馬に全く興味のないルイ一五世は、騒ぎを収めるためにレースを禁止した。[9]

　ロンドンでイザベラに夢中になっていたローザンは、シャルトル公爵の勧めもあり、チャールズ・バンバリー卿の助言に従って種馬を買い付け、プロのイギリス人ジョッキーを雇い入れ、競走馬専用厩舎の立ち上げに着手した。当時のフランスでは、まだこうした専用厩舎はなかった。ローザンにとって、裕福とは金を所有することではなく浪費することだ。だが厩舎ひしめくイギリスでは大した成果を上げられず、施設を丸ごとフランスのヌイイーに移転することにし、中西部オルム城で競馬の流行を仕掛けたヴォワイエ侯爵の例にならい、小ぶりながらも豪奢な厩舎を建てた。以降、国王の禁止令にもかかわらず、宮廷人たちは競馬場へ押し寄せ、訓練中の馬をうっとりと眺めた。シャルトル公爵もアルトワ伯爵も彼にならって自前の厩舎を建て、三人は公然たる競馬のライバルとなった。競馬人気は高まる一方で、ルイ一六世はアルトワ伯爵の希望を受けて一七七五年初めに禁止令を解除した。一方で、自分の厩舎を持ちたいという王妃の希望を退けたのは賢明というほかない。

　だが競馬をもってしても、ローザンの失望はなぐさめられなかった。イザベラと別れて傷心の彼は軍務に邁進して恋を忘れようと、北東部セダンから南東に四リューのところにあるムーズ川に面したムーゾン駐屯地へ出発した。八か月の間熱心に地政学を学び、ヨーロッパ北部の状況に通じた専門家の一人と目されるまでになった。さらにポーランドとロシアの紛争に関する報告書を作成し、外務大臣ヴェルジェンヌとチャルトリスキに送った。チャルトリスキは、妻とローザンの過去の不倫を蒸し返したりはしなかったようだ。報告書でローザンはロシアとフリードリヒ二世下のプロイセンの引き離しを主張し、フランスとロシアの同盟を説き、一九世紀に結ばれることになるティルジット講和条約の青写真を示した。論証と資料が詰め込まれたこの報告書は、駐ポーランドロシア大使シュタッケルベルク伯爵からエカチェリーナ二世に送られ、ローザンはサンクトペテルブルクに招待された。「女帝は私の提案を認め、優しさのこもった手紙を下さった。同時にヴェルジェンヌ殿からも、至急宮廷に来るようにとの連絡が届いた」。こうして彼の才能は国政レベルで認められ、一七七五年三月、戦略家のオーラをまとってヴェルサイユへと帰還した。

彼はフランス衛兵隊に復帰し、少しずつ王妃に近づいていった。二人を近づけるのに一役買ったのが、競馬への情熱だ。

ゲメネ公妃は抜け目のない女性で、以前ローザンと関係を持ったこともある。「美貌のローザンは端麗な貴公子で、私にとっては従兄弟や夫以上の存在なのです」と述べている。王妃が軍服姿の男性に弱いことを知っている彼女は、事あるごとに王妃のもとにローザンを呼び寄せた。ルイ一六世が即位したばかりの頃、マリーは名門ロアン家出身でフランス王家の子女の養育係の官職に就いていた若いゲメネ公妃と親交を深めた。[10] だが国王夫妻には世継ぎがいなかったので、ゲメネ公妃はもっぱらルイ一六世の妹エリザベート王女の養育に務めた。快活で奇抜な公妃は王妃を大いに楽しませ、特に犬を介して霊と交流できると主張して愉快がらせた。ヴェルサイユ宮殿にほど近いモントルイユに所有していた城は居心地のいい場所として名門貴族に愛され、リーニュ、コワニー、ブザンヴァル、ヴォードルイユ、ポリニャック、ディロン、エステルアジなどの大物も訪れている。宮廷で禁止されているような常軌を逸した振舞いも、のんびりと気の置けないモントルイユでなら許された。公妃は自分には際限なく娯楽を追求する権利があると考えており、王妃としての義務に縛り付けられているマリーはそれがうらやましくてならなかった。公妃は事細かに規定された宮廷作法をないがしろにし、身分の高い自分は王妃のお気に入りの一人に収まるような器ではないと考えていたので、王妃を前にしてもまるで同等であるかのように振舞ったが、王妃は少しも気を悪くしなかった。それどころかこうした飾り気のない友情を喜び、彼女に会いたいと思い立ったら前触れもなくモントルイユを訪れて驚かせることもあった。だがゲメネ大公は一七八二年に破産して大変な醜聞となり、王妃の寵愛も途絶えることになる。

彼女との付き合いは、高潔な王妃のイメージ作りの助けにはならなかった。第一にゲメネ大公夫妻は――こうした言い方が正しければ――四人で暮らしていた事実がある。アンリ・ド・ロアンはローザン公爵から略奪したディロン伯爵夫人を愛人にして同居していたし、妻のゲメネ公妃はコワニー公爵と同居していた。第二に、裕福で気前がよく、豪勢な生活を送り、莫大な借金を負っていたゲメネ家には貴族が集まり、法外な金額を賭けて賭博を楽しみ、夜な夜な大金がやり取りされた。しかも公妃はいかさまを働いていると噂されていた。厳格なヨーゼフ二世が一七七七年に妹に会いにヴェルサイユを訪問した際、メルシーは六月一五日付の手紙にこう書いている。「皇帝は私に、その前日に王妃にせがまれて、ゲメネ公妃の夕べの集まりにご一緒されたとおっしゃいました。この集まりに来ている者たちの態度の悪さや、公妃の周りに漂う放埓な雰囲気を不愉快と感じられたそうです。皇帝はファラオン賭博を目にされました。また王妃がいらっしゃる前で、ゲメネ夫人の賭け方や勝ち方が怪しいとの非難めいた声もお耳に入ったそうです。こうした慎みのなさに皇帝は憤慨され、王妃にこの家は正真正銘の賭博場だとはっきりとおっしゃいました」。だがマリーは兄の言葉に少しも耳を傾けなかった。

＊＊＊

一七七五年初頭、ヴェルサイユへ戻ったローザン公爵はゲメネ家に足しげく通い、シャルトル

5796
マリー・アントワネットと5人の男

愛読者カード　エマニュエル・ド・ヴァリクール 著

＊より良い出版の参考のために、以下のアンケートにご協力をお願いします。＊但し
今後あなたの個人情報(住所・氏名・電話・メールなど)を使って、原書房のご案内
どを送って欲しくないという方は、右の□に×印を付けてください。

フリガナ
お名前　男・女(　歳

ご住所　〒　-

市　町
郡　村
TEL　(　)
e-mail　@

ご職業　1会社員　2自営業　3公務員　4教育関係
5学生　6主婦　7その他(　)

お買い求めのポイント
1テーマに興味があった　2内容がおもしろそうだった
3タイトル　4表紙デザイン　5著者　6帯の文句
7広告を見て(新聞名·雑誌名　)
8書評を読んで(新聞名·雑誌名　)
9その他(　)

お好きな本のジャンル
1ミステリー・エンターテインメント
2その他の小説・エッセイ　3ノンフィクション
4人文・歴史　その他(5天声人語　6軍事　7　)

ご購読新聞雑誌

本書への感想、また読んでみたい作家、テーマなどございましたらお聞かせくださ

郵便はがき

160-8791

343

料金受取人払郵便

新宿局承認

1993

差出有効期限
2021年9月
30日まで

切手をはら
ずにお出し
下さい

(受取人)
東京都新宿区
新宿一-二五-一三

原書房

読者係 行

1608791343 7

図書注文書 (当社刊行物のご注文にご利用下さい)

書名	本体価格	申込数
		部
		部
		部

お名前　　注文日　　年　　月　　日

ご連絡先電話番号 □自宅 (　　)
(必ずご記入ください) □勤務先 (　　)

ご指定書店(地区　　) (お買つけの書店名をご記入下さい)

書店名　　書店(　　店)

帳合

公爵やアルトワ伯爵と美しいイギリス女性レディ・バリモアを共有した。王妃としてはこんな素行の者たちは好ましくないが、それでも欧州諸国歴訪から戻った公爵と再会した。彼女は、シャルトル公爵と行動を共にしていた魅力的で才知あふれる優雅な士官のことをよく覚えていた。たしか、ダンスの名手だったはずだ。彼を気に入っているゲメネ公妃はことあるごとに王妃の前でほめるので、興味を持っていたのだ。恋多き公爵の噂を知らないわけではない。「宮廷に戻った私は、王妃がゲメネ公妃とずいぶんと親密でいらっしゃることに気付いた。（中略）公妃は私のことをお話しになり、興味を持った王妃はもっと私に会いたいとおっしゃった。王妃は親切に私を迎えてくださった。私はしばしばゲメネ宅で王妃に会う機会を得、厚遇していただいた」。二人は頻繁に顔を合わせるようになり、朗らかで洗練されたローザンは毎晩のように、イギリスで開催される競馬について話して聞かせた。彼女にとって競馬は未知の世界で、母マリア＝テレジアからは乗馬のし過ぎを責める手紙が次々と届いていたから、ますます好奇心が煽られた。娘が競馬に夢中だと知ったら、母は何と言うだろう！　王妃はこの若い士官をますます気に入り、宮廷への伺候をためらう彼を何とか呼び寄せようとした。王妃のひいきぶりは宮廷中の知るところとなり、さらにルイ一六世も狩りに招待して好意を示した。ローザンは歯に衣着せず、「私は国王とよく狩りに行っていたが、死ぬほど退屈だった」と述べている。退屈は宮廷人に課された宿命だ。

三月、サブロンでレースが開催されることになった。華やかな宮廷カムバックを果たすには絶好の機会だ。ローザンの厩舎を訪れてすっかり気に入った王妃も、「ローザン公爵が負けたりなどしたら、私は泣いてしまうでしょうね」と公然と彼を支持した。宮廷はここぞとばかりにゴシップを言い立てたが、王妃にとってはうれしいことに、ローザン公爵が勝利して拍手喝采を浴びた。王妃はその前夜にオペラ座の舞踏会で遊んで、朝六時半に帰ってきたばかりだったが、レースを欠席するなど論外だった。雨風が強かったが、毛皮の裏地の付いたケープにくるまって、危なっかしい梯子を伝って屋根のない観覧席に上り、我慢強く見学した。この日をきっかけにレースがたびたび催されるようになり、王妃もローザン公爵にエスコートされて臨席した。国王は度重なるレース開催に気を悪くしたが、原因はローザン公爵の存在ではなく、法外な賭け金の額だった。競馬はまたたく間に流行し、馬だけでは飽き足らず、冬にはそりのレースが開催され王妃を喜ばせた。マリー・レクザンスカの使っていたそりや、新たにあつらえたそりが準備された。こうした冬遊びの支度も豪華さを増し、一万エキュに達することさえあった。王妃のそりは花かごの形をしていた。一七七六年二月二三日にこのそりでパリを訪れた王妃は、花束の中で一際華麗に咲くバラのようだった。毛皮に身を包んだ姿にパリ市民は目を丸くし、一目見ようと通りに詰めかけた。「春がテンとアーミンの毛皮に身を包んで現れたかのようだった」との証言が残っている。そりで楽しんだ後には、ラ・ミュエットやモンソーの城館での昼食が待っている。寒さが和らぐとロバのレースが開催され、愚鈍なロバが観客を大いに笑わせ、勝者には王妃から一〇〇エキュの賞金とアザミをかたどった金の飾りが贈られた。マリーは競馬にすっかり夢中になり、ある火曜日にシャルトル公爵とアルトワ伯爵とローザン公爵がブローニュでレースを催した際には、大使たちとの引見を忘れて競馬場へ向かったほどだ。大使たちは控えの間で空しく王妃を待ち続けた。わざわざヴェルサイユまで来たのに空振りだった彼らが、どんな悪態をつきながら帰っていったかは想像に難くない。

一七七五年春、数週間にしてローザンが王妃のお気に入りになったことは宮廷中に知れ渡り、彼は王族たちのフォンテーヌブローでの静養にもお供した。「宮廷では公然と、私は王妃の恋人であるとか、間もなく恋人になるはずだとか噂されていた」。いずれにせよ美しくエレガントで陽気な者たちで周りを固めたい若き王妃にとって、彼は理想的な騎士だった。それにしてもそのひいきぶりは、取り巻きたちの嫉妬を誘った。ディドロの言うように「あまりに評判の高い者に災いあれ」だ。とりわけ、ポリニャック一族は敵意を隠そうともしなかった。彼らにとってローザンは追放された宰相ショワズールの手先として動くスパイであり、ヨランド・ド・ポリニャックと王妃の寵愛を二分するゲメネ公妃の親友という油断ならない存在だ。嫉妬深いコワニーや陰謀好きのブザンヴァルもポリニャック一派に味方した。「コワニー公爵はジュール・ド・ポリニャック伯爵の奥方と結託して、私に敵対する一派を築いた」とローザンは述べている。

　ゲメネ公妃宅でローザンが王妃にルソーの『新エロイーズ』を朗読したという話が広まり、世間は王妃の寵愛に疑いの余地なしと考えた。『新エロイーズ』はもともと『二人の恋人の手紙』と題された書簡形式の小説だ。ブイヨン公爵夫人はある夜会で、ローザンの「心に秘めた情熱」を冷やかした。一人の女性に縛られるタイプではないローザンは笑いながら、「そのたいそうな情熱とやらの相手が誰なのか、せめてお名前だけでも挙げてください」と言った。「もちろん王妃ですわ！」とブイヨン夫人は唇に指を当てて低い声で答えた。今やヴェルサイユの回廊やサロンは二人の噂で持ちきりで、ローザン公爵は王妃の娯楽の常連となり、毎日のようにブローニュやヴェリエールの森での馬の散策に同行し、王妃専属の近習のような存在となった。こうした遠出では女官一名と複数の近習が王妃に従うが、彼女はたびたびローザンと馬を疾走させて彼らを置き去りにし、軽はずみだとのちのちまで非難を受けることになった。王妃の一挙手一投足は見張られていた。あるときブローニュの森で狩りをしていたマリーは、ローザンのイギリス人猟犬係の連れた馬がたいそうエレガントなのに目を留めた。彼女はローザンに「この馬は言うことをよく聞きまして？　女性でも乗りこなせるかしら？」と聞いた。「もちろんでございます、妃殿下」「ではぜひいただきたいわ！」。だがローザンは笑いながら、この馬は手放したくないのですよと耳打ちした。彼女は猟犬係を呼ぶと手持ちの馬を与え、意中の馬にまたがると、「下さるつもりがなくても、いただいていくわ！」と言った。

ローザンはこうした親密なやり取りや戯言の合間を利用して、自分の専門分野であるヨーロッパ地政学を王妃に教え、ロシアとの同盟に引き込もうとした。だが「風のように軽い頭」のマリーはほとんど興味を示さず、ただ楽しみを追いかけた。王妃に取り入って操ろうとひそかに目論んでいたローザンは、無駄骨を折ったことになる。彼は気付いていなかったが、若き王妃の政治的助言者の座を狙っているのはローザンだけではなかったし、王妃が軽薄な楽しみばかりを追いかけていることを考えれば、彼の野望はややスケールが大き過ぎた。「私は王妃に偉大なる帝国を治めさせて、二〇歳にしてその名を決定的に広めるような偉大なる役目を果たさせ、ヨーロッパの支配者にしたかった」。しかしこうした野望はローザンが一方的に抱いているだけで、マリーはそんな役割を演じたいとも思わない。いずれにせよ、外務大臣ヴェルジェンヌはロシアとの同盟に一時興味を示したが、早々にあきらめて、ローザンを落胆させた。

王妃がローザンに対してどのような感情を抱いていたのか、正確にはわからない。彼女にとっては、ある種の自由を確認する機会に過ぎなかったのかもしれない。今や自らの運命を手中にしたと信じる若き王妃の目くるめくような自由。ローザンは自分に対する王妃の一方ならぬ寵愛は、おそらく「何よりも私という存在の特異さから来ているのだろう」と正直に告白している。それでも二人は誘惑ごっこを楽しんだ。とりわけローザンの軍服は重要な要素で、白い羽根飾りと見事なサギの羽根が一本配された兜を王妃はことのほか気に入っていた。ゲメネ公妃に押されて彼は王妃にこのサギの羽根を贈り、その所有欲を満足させた。羽根には「妃殿下ほどこの羽根がお似合いの女性はこの世にはおりません」とのメッセージが添えられていた。翌日、マリーはオペラ座で『オルフェオとエウリディーチェ』の初演を観劇した。彼女がフランスで名を広めようと後押しするグルックの作品だ。宮廷もパリ社交界も競って劇場へ詰めかけ、王妃は得意気に羽根を飾ってローザンに謝意を示した。アルトワ伯爵は王妃に「何とも華やかなごひいきぶりですな」と言い、カンパン夫人は「傲慢な彼は、自分の受けた寵愛の値打ちを誇張して受け取った」と書いている。嫉妬深いコワニー公爵はこうした罪のないやり取りに激怒し、ゲメネ公妃に会いに行き、二人の橋渡しをしたとなじった。以降、コワニー公爵は執拗にライバルを見張り、ローザンが失墜するまで監視は続いた。コワニーの心強い味方となったのがブザンヴァルで、ここにメルシーも加わり――ただしメルシーはコワニーとブザンヴァルの共通の利害に気付いていなかったが――、事あるごとに王妃の耳にローザンの誹謗を吹き込んだ。羽根飾りのエピソードはずいぶんな大事に発展したが、それ自体は特別な寵愛を示しているわけではない。例えば一七七七年八月の新聞は、「王妃はつねに親しい態度を示すが、これを非難する不機嫌な者もいる。先日、シヨワジーで王妃はある踊り子の頭に飾られた羽根飾りをほめたところ、一本贈られ、屈託なく飾った」と報じている。

王妃がローザンに示した寵愛の問題点は、彼に危険な誘惑者というレッテルが貼られていることだった。世間からすれば、彼は決して当たり障りのない人物ではなかったのだ。ヨーゼフ二世も、宮廷に伺候したローザンを見て妹にこう言った。「あなたがお付き合いする相手やお友達があらゆる点において非の打ちどころがなく確かな人でない場合、それが世間にどんな影響を与えるか考えたことがありますか？ まるであなた自身が放蕩に走って、悪徳を許しているかのように見られてしまうのですよ」。ヴェルモン神父は王妃の取り巻きを嫌っていて、とても尊敬には値しないと考えていた。彼は王妃に対し、「あらゆる種類の不品行や素行の悪さや堕落し汚れた評判が、妃殿下の集まりへの通行証なのです。妃殿下にとっては計り知れない打撃です」と非難した。

こうした寵愛は醜聞となり、嫉妬を生み、長続きはしない。これほど評判の悪い男性は王妃を巻き添えにしかねず、遅かれ早かれ遠ざけるしかない。ローザンは無感動な人間ではなかったし、若い女性の魅力にも無関心ではいられなかった。彼が自分よりもずっと恋愛経験が豊富なことは王妃も最初からわかっていて、よき娯楽仲間だと考えていたが、本人には別の意図があった。王妃も徐々にそのことに気付き、周囲も当然察していた。「王妃が、自分が相手に恋心を起こさせたとはっきり悟ったことは二度あった（ローザン公爵とフェルセン伯爵）。彼らは理性の力を振り絞って、品位を守り危険を避けようとの気持ちから、にじみ出そうになる心を抑えた」とティリー伯爵は語っている。いずれにせよ、スキャンダルに飢え、王族の寵愛をうらやみ、王妃に敵意を持つ宮廷人たちは、二人の関係を悪意たっぷりに言い立てた。王妃からの寵愛を受け始めた当初、ローザンは表向きはレディ・バリモアを愛人としていたこともあり、自分に向けられた中傷を大して気にも留めなかった。王妃のお気に入りであることに自信を得、自分は王妃への影響力を手にしていると信じていた。シュタッケルベルクに宛てた手紙からも、その慢心のほどが窺える。「王妃には不可能なことなど一つもなく、私は王妃にあらゆる望みを抱かせることのできるある人を知っており、その人を通して大きな支配力を手にしています」。もちろんその「人」は彼自身だ。ローザンは自分は気に入られていると信じ込んでいたが、彼女が求めていたのは娯楽がもたらしてくれる自由だった。

一七七五年四月から五月にかけて、パリ、ヴェルサイユ、フランス北部や西部で深刻な事件が起こった。パンの価格が高騰して、パン屋が襲われ、店の主人に危害が加えられたのだ。こうして勃発した小麦粉戦争と呼ばれる反乱は政治的・社会的危機の表出だった。即位からわずか一年後、フランス革命の一四年前に当たるこの時点ですでに、暴徒たちは王妃を「揺さぶり」に行くと叫んでいた。浮浪者や強盗たちも加わり、略奪が起こった。パリ防衛はビロン元帥に任され、ローザンはほかの士官同様、連隊に戻るよう命じられた。ゲメネ公妃に別れを告げにモントルイユ城を訪れると偶然王妃がいて、出発を遅らせるようにと言われた。「まだ出発なさらないで。小麦を求める反乱対応のために、部隊がこちらへ呼び寄せられるでしょう。あなたの部隊もこちらへ向かうよう命じられるはずですから、出発なさる必要はありませんわ」。ローザンは王妃に礼を述べたが、提案は退けた。彼は宮廷人以前に冒険者なのだ。王妃は「何て愚かな方なの！二度と戻っていらっしゃらないで」と笑いながら答えたものの、乗馬のお供をしてくれるはずの公爵の拒否に自尊心を傷つけられた。そこに部隊配置の責任者であるヴィオメニル男爵が入ってきた。王妃は「男爵、この愚か者が計画通り私たちを置いてきぼりにしないように、ローザン殿の部隊をすぐ近くまで進軍させてください」と言った。だがローザンは考えを変えるつもりはなかった。彼は王妃に機嫌を直してもらおうと、翌日は日がな一日ブローニュの森での狩りにお供し、夜になるとフランス東部サルグミーヌの駐屯地へ出発した。彼女は狩りの間も出発を思い留まらせようとし、ランスで六月一一日に行われるルイ一六世の戴冠式にあなたを招待するよう国王にお願いしてみましょうと言ったが、ローザンは慎重にも、ショワズール一派が自分への王妃の派手な寵愛を利用して国政への復帰運動を押し付けてくるのではないかと考え、王妃の提案を断った。

もしかするとローザンは、距離を置くことで王妃の寵愛を一層深めようとしたのかもしれない。

しかし彼女はあっという間に不愉快なことは忘れて、楽しい集まりに新たなメンバーが加わったことを喜んだ。国を追われたハンガリー貴族エステルアジだ。ローザンのような華やかさもなければ人を楽しませるすべも知らないが、軽騎兵の軍服がよく似合う軍人で、人をひきつける話し相手だった。端麗な容姿は目には快い。だが優しい人柄は心に響く。エステルアジは醜男だったが優しく、物腰は柔らかだった。

小麦粉戦争は夏には一旦鎮まった。八月末、ローザンのもとにシャルトル公爵から一通の手紙が届いた。サブロンで大レースが開催されるという。退屈していたローザンは、注目を浴びる機会を逃す手はないと大急ぎでパリに戻った。レースの開催された一〇月六日、空は晴れ渡っていた。優勝候補はアルトワ伯爵、シャルトル公爵、ローザン公爵、ゲメネ大公、コンフラン侯爵、ヴォワイエ侯爵。初秋の一大社交イベントとあって、大勢の人が観戦にやってきた。クロイ公爵によれば、少なくとも二〇〇〇台の馬車が詰めかけたという。公証人クロ・デュフレニのもとに預けられた賭け金は優に三八〇〇〇ルイ金貨に上り、イギリスからやってきた競馬好きなどは、アルトワ伯爵の馬に一万ルイ金貨を賭けた。ルイ一六世は、どうしても観戦したいという王妃の懇願に根負けし、王室の催事担当部署（ムニュ・プレジール）は、王妃が友人たちとゆっくり観戦できるように、サブロンの平地にサロンのような観覧席を設置した。会場では押し合いへし合いの混乱が起こり、メルシーは非難がましく「誰もが王妃がいらっしゃるサロンに行くことを許されていました。ここで賭けが行われ、話し声や騒音や喧騒が飛び交っていました。(中略) 王妃が騒然とした中をあちこち回られ、すべての人々にお声をかけながらも、つねに優雅さと威厳を保ち、こうした場の不都合さを部分的にではあれ和らげていたことは確かです。だが人々はそんな細かい違いに気付くはずもなく、有害ななれなれしい様子しか目に入らず、宮廷人たちはこうした様子を不審気な目で見ていました」と報告している。ある新聞記者は、この「軽食に群がる若者たちの渦」に唖然とし、「大変な混雑で、あまりの騒音に何も聞こえないほどだった」と記している。別の記録には、この日の王妃は「太陽のごとく美しく」、「素晴らしい一日だった」とある。ローザンは眩いほど麗々しく、宮廷作法などどこ吹く風とイギリス風に砕けた「シュニールとブーツ」姿で王妃の前に姿を現し、宮廷人たちの顰蹙を買った[11]。彼を嫌っていたメルシーも憤慨したが、公爵のごく自然な優雅さと高身長はこうした不作法を補ってあまりある。簡素ななりをしていても、その洗練された物腰は人々を圧倒した。期待の的である公爵の馬が登場すると、観客の間から割れるような拍手喝采が起こった。午後一時、レースが開始した。サブロンを三周するコースでわずか六分の勝負だったが、大変な接戦となり、観客席の王妃の取り巻きたちは熱狂し、足を踏み鳴らし、叫び、口笛を吹き、拍手した。耳を麻痺させるほどの喧騒ぶりだった。王妃自身も大喜びで、声を張り上げて応援して周囲を驚かせた。アルトワ伯爵がイギリスのロッキンガム侯爵から購入した無敵と名高いロワ・ペパンを抑えて、またしてもローザンが勝利を収めた。脚が飛び抜けて長いロワ・ペパンはカーブでつまずいた。「若い伯爵は生来の激しい性格もあって、品位に欠ける悔しがりようでした」とメルシーは述べている。義弟の馬に賭けていた王妃は不機嫌を装って、ローザンに向かって大きな声で「ああ、なんて恐ろしい方。勝つ自信がおありだったのね！」と言った。ローザンを目の仇にしている者たちは、二人のこうした気安い関係に心穏やかではなかった。

王妃は彼を祝して、共に観客席を下り、イギリス人ジョッキーのジョージとその馬を紹介された。ウェベルによれば、「王妃はこのレースをたいそう喜び、ローザン公爵を祝福し、この上なく優しく敗者をねぎらった。一言で言えば、完璧に感じのよい女性として、非の打ちどころのない振舞いだった」。ローザンはシャンパーニュ地方のワインを振舞って勝利を祝い、かつての恋人イザベラ・チャルトリスカとの秘話を披露して一同を楽しませた。その秘話とは、彼は夜な夜なイザベラの夫がいない隙を狙って、恋人に会いに行っていた。あるとき帰宅した夫は、使用人たちのおしゃべりを耳にして疑惑を抱き、次に出かけるときには庭に二頭の猛犬を放しておくことにした。何も知らないローザンはいつものように庭の壁を越えたところで、獰猛な犬の唸り声に気付いた。逃げることもできず、あの頑丈な顎でずたずたに嚙み刻まれるのかと観念したが、犬たちは大喜びで駆け寄り、大きな舌でぺろぺろと舐めた。実はかつてローザンに育てられ、のちに友情の印としてチャルトリスキ家に贈られた犬だったのだ。この話に一同は拍手し、王妃は彼の軽薄なまでの魅力を好ましく思った。その後シャルトル公爵が陽気な一同をサン＝クルー城の夕食に招待し、楽しい夕べはお開きとなった。

レースは大盛況で、以降ほぼ毎週行われるようになった。宮廷の都合で、サブロンで開かれることもあれば、ヴァンセンヌやラ・ミュエット、フォンテーヌブローやランブイエのパンティエーヴル公爵邸で催されることもあった。王妃はローザンやその他の若い貴族たちと張り合おうと自分専用の厩舎を欲しがったが、さすがのルイ一六世もそうした大出費には首を縦に振らなかった。

王妃のローザン公爵への寵愛は頂点に達し、ルイ一六世も彼を気に入り、不愉快に思っている様子はなかった。「国王は王妃の私に対する態度を認めていらしたようだった。しかも世間の話がお耳に入ったことを考えると、ご立派なことだ」と彼は述べている。シャントルー城を訪れれば、ショワズールやその妹のグラモン公爵夫人から寵愛を利用して手を回してくれとせっつかれる。「王妃があなたを厚遇していることは明らかで、もちろんその影響も生じるでしょう。好機が訪れたら、ショワズール殿を国政に呼び戻させるのですよ」と説く公爵夫人に対し、ローザンは、王妃は確かに親切に遇してはくださるがそれ以上のことはありませんと答えた。「私にはどんな影響力もありませんし、自分のためにもほかの方のためにも何かを王妃にお願いすることは決してするまいと決めています。私には根回しをする力はありませんし、あったとしてもいたしません」だが彼自身、そんな言葉は偽りであることを誰よりも知っていた。つまずきは、寵愛の中心を占めていると慢心したときにやってきた。それまで膨らみ続けた好意の成長がやむと、急速に後退がやってくることをローザンは身をもって知ることになる。「私への寵愛はこれ以上ないほど高まり、事実、間もなく衰え始めた」

だが今のところ、マリーはこの楽しいお供を手放したくないようだ。「王妃が私抜きでお出かけになることは稀だった」と彼は回想している。「王妃があまりにも軽はずみに受け入れた多くの軽率な者の中でも、活発な気質とあらゆる悪徳を兼ね備えた極めて危険な人物がおります。それはローザン公爵です。彼はポーランドを訪れ、何とも現実離れした計画の数々を持ち帰りました」[*]。ある日ローザンは、宮廷と共にショワジーに滞在する王妃のもとを訪れた。彼を迎える王妃の喜びようは誰の目にも明らかで、何時間も低い声で話し合っていた。ローザンが退出すると、コワニーが怒りに震えながら王妃に言った。「妃殿下は、公爵にはほとんど声をかけない、ほかの者たちと同等に扱うとおっしゃっていたのに、約束をお守りになりませんでした」。王妃の陽気な集まりに亀裂が入り、仲間割れが始まった。だが王妃は悪い気はしない。男性たちの嫉妬の

---

* メルシーの言葉

的となるのは新鮮でもあり、自尊心がくすぐられた。

一七七六年二月、ヴェルサイユ宮殿の鏡の回廊で王妃主催の謝肉祭（カルナヴァル）の仮面舞踏会が開かれた。テーマはアンリ四世時代。ローザンは金髪にくっきりと映える黒ずくめの衣装を選んだ。タイツと膨らみのある半ズボンは、名騎手である彼の脚を引き立たせた。だが一際見事だったのは、羽根飾りをあしらったふちなし帽の大きなダイアモンドで、これ見よがしに額に垂らして、男性たちの称賛と女性たちの羨望を煽った。彼の破滅的なまでの派手な魅力は、人目を引かずにはいられなかった。


陸軍大臣ル・ミュイが他界すると、一七七六年初頭、後任のサン＝ジェルマンは竜騎兵隊の改革を決定した。ローザンの部隊は廃止となる。公布前にこのことを知った王妃は、ローザンにションベール元帥の指揮するロワイヤル竜騎兵隊の司令官のポストを用意した。衛兵隊の司令官は嫌だと選り好みをするローザンのため、無償でこのポストを与えるようルイ一六世を説得したのだ。またしても宮廷はどよめき、ポリニャック一族もコワニーもブザンヴァルも不安のあまり眠れないほどだった。だが際限のない寵愛にも、栄光の後に必ず失墜がやってくる。

ローザンは王妃に謝意を伝えるため、ヴェルサイユ宮殿に向かい、到着と同時に内殿の黄金の間に案内された。王妃は彼の訪問を喜び、自分の隣のソファを勧め、いつものように軽くて愉快なおしゃべりをたっぷりと楽しみ、宮廷の最新ニュースを語った。だがごく自然にローザンに手を差し伸べたところ、何と彼は手をつかみ彼女の前にひざまずいた。「宮廷人を前に公然と示してくださる親切な態度や、馬への共通の趣味、オペラ座で大っぴらに頭に飾られたサギの羽根などから考えるに、もしやこの恋心が報われるのではないかと思ったのでございます」。マリーは仰天したまま、身じろぎもしなかった。この男はどうしたらここまで勘違いできるのだろう？なぜ自分や私の身分をわきまえずに、そんな極端な結論を出し、それを口にするほどまでに自分を見失ってしまったのだろう？　あれほど楽しかった誘惑ごっこは、今や理不尽な現実に変わった。彼女は立ち上がり、「ムッシュー、出ておいきなさい！」と叫ぶように言った。隣の部屋にいたカンパン夫人はただならぬ声の調子を耳にし、部屋に向かい、そそくさと退出する公爵を目にして呆気にとられた。「ローザン殿は深くお辞儀をし、退出した。王妃はひどく動揺され、私に『今後はあの男を絶対に私のもとに通さないように！』とおっしゃられた」。数日も経たないうちに、ローザンは王妃の激怒のほどを痛感した。オーベルキルヒ男爵夫人は日記に「ローザン殿はこの教訓に心底傷つき、以来妃殿下の前にほとんど姿を現さないそうだ」と書いている。もう二人はひそひそと話したり、馬で遠出したりすることもなく、王妃のゲームの席でも座ることを許されず立ったまま。そろそろ宮廷を離れて、ザールルイに駐屯する新連隊に合流した方がよさそうだ。小説家ショデルロ・ド・ラクロの言葉を借りれば、「過激な振舞いの相手は、じきに離れたい者に限る」

この出来事からは、ローザンが根っからの宮廷人ではなかったことがわかる。彼は王妃に仕えることで、ヴェルサイユの閉鎖的で煮詰まった世界に閉じ込められることを何よりも恐れていたし、真の野心は政治、外交、軍事方面に向けられていた。そこで自らの運を試したが、計算を誤って一瞬にしてすべてを失った。

＊＊＊

ローザンの回想録は、この哀れなエピソードに触れていない。それどころか、たちの悪いことに、王妃から執拗に想いを寄せられたが、彼女の美徳を守るために自分から身を引いたとほのめかしている。[12] 名門貴族で稀代の誘惑者ローザン公爵は、こうして虚言と誹謗を流す下劣者となり果てた。ガスコーニュ地方人特有のうぬぼれに溺れた結果だった。

その場にいない者は割を食う。ポリニャック一族はヴォードルイユやコワニーに急かされ、この機会を利用してローザンの信用をさらに貶めようとし、ローザンが王妃の嫌っているモールパ伯爵に接近したという噂を流した。ローザンは王妃付き主馬寮長の職に躊躇し、彼に代わってジュール・ド・ポリニャック伯爵が受けた。これは伯爵夫人のたっての願いだった。ローザンははらわたが煮えくり返る思いだったが、表向きは喜んで職をお渡ししようとにこやかに取り繕った。しかし彼の失脚は明らかで、そのことは誰よりも本人が知っていた。「一七七七年初めには、私に対する王妃の寵愛は完全に失われた」。今やマリーは、彼自身の言葉を借りれば、「少なからず王妃然とした」態度で接した。若き王妃との親密な日々は終わりを告げた。

トラブルは重なるもので、公爵家の資産状況が深刻になってきた。派手に破産する者は大金持ちと決まっている。贅沢を愛し金銭を軽蔑していたローザンは気前よく金をばらまき、将来に備えることなど一切なかった。膨大な出費、厩舎、愛人、度重なる旅行などすべてが重なって家計を圧迫し、赤字は凄まじいまでに膨らんだ。当時は借金が当然のこととされ、彼も一七七七年には三〇歳にして二〇〇万フラン金貨を超える負債を抱えていたが、誰も本気で心配することはなかった。債権者もローザン本人も、彼が莫大な財産の唯一の相続人であることを知っていたからだ。「私には多額の負債があり、いろいろと取り沙汰されたが、決して莫大な額ではなかった」。相続するまでにはまだ時間がある。年と共に欲求も薄れるだろうし、楽しめるうちに金を使った方が賢いと考える彼にとって、若いときに散財するのは当然のことだった。

だが思いがけぬことに、危機的状況に立たされた彼に一族は手を差し伸べてくれなかった。父ビロン公爵は大修道院長の兄の遺産を相続したばかりだったから、息子を支援することも充分できたはずだ。だが「お前を幽閉したり破産宣告したりしようとする動きがあったら知らせよう」とだけ言って、それ以上動くことはなかった。ビロン元帥も助けてくれず、妻アメリーに至ってはこの機会を利用して財産分与に踏みきった。リュクサンブール公爵夫人やショワズール家の人々も、容赦なく誹謗の矢を放った。誰からも見放されたローザンは、親族は彼の金銭問題に関わる気は一切なく、彼の私生活の醜聞のとばっちりを受けるなどまっぴらごめんなのだと、これ以上ないほどはっきりと思い知らされた。「私が妻の財産を食いつぶし、ダイアモンドを売り払ったとか、父やビロン元帥やショワズール夫人やリュクサンブール夫人の生命を担保に手形を振り出したなどという噂が流れた」。状況がどうであれ、裕福である限り名誉が完全に失墜することはない。だが金銭問題が起きれば、世間の格好の餌食になる。彼にとってもっともショックだったのは、長年母親のように慕ってきた叔母のショワズール夫人の冷淡な態度だった。つねに愛情を注ぎ、無茶な振舞いも寛大に見守っていた夫人とて、心の広さは無限ではない。親しい人との関係が壊れて傷ついた胸には、もはや苦い思いしか残されていなかった。

ローザンの失脚を信じたくないゲメネ一族は、二人の間に入ってとりなそうとした。メルシーは「(一七七七年の)四旬節*の間、王妃はゲメネ公妃の夜会に再び頻繁に通うようになりました。

* イエスの復活を祝うイースターまでの四〇日

夜会では大々的に賭博が行われ、どこの者とも知れない輩もおり、二重に不都合でございます。夜会での妃殿下は頼まれ事をされてずいぶんとうんざりされていましたが、ローザン公爵を擁護するとりなしには断固とした態度を崩されませんでした。（中略）公妃の後ろ盾を得たローザン公爵は、あらゆる訴追を免除する公式書状を王妃から入手しようとしていたのです。しかし、差し迫った依頼をされた妃殿下はその不当さを見抜かれ、拒否されました」と書いている。結局ローザンを窮地から救ったのは、自身も破産寸前のゲメネ一族だった。返済が目前に迫った負債については、公妃がダイアモンドを売り払って金を工面し、大公は残りの負債をすべて肩代わりして、ローザンからほぼすべての不動産の譲渡を受けた。それと引き換えにローザンには八万リーヴルの年金が入り、悠々暮らすことができる。贅沢には金がかかるが、エレガンスとは何よりも教育のたまものである。その最たる例がローザンだ。年金を得た彼は、ヴォークルールでかつて王妃から無償で得た竜騎兵隊に合流し、軍務に励んで心の傷を癒そうとした。だがマリー同様、彼もあっという間に飽きてしまう移り気な子どもだった。いずれにせよ、静かな生活に長いこと耐えられず、無鉄砲にもモールパに、対トルコ戦争中のロシア軍への入隊を希望する手紙を送った。しかし別に考えのあるモールパはこの希望を退け、皮肉たっぷりに「貴殿のために私にできることと言えば、妃殿下のご厚意が続くように貴殿を推挙するくらいです」と答えた。イザベラ・チャルトリスカとの再会をひそかに夢見て、駐ポーランド大使のポストを外務大臣ヴェルジェンヌ伯爵に願い出たが、これも却下された。一七七八年初め、彼はロンドンに遊びに行くことにした。しかしロンドン滞在中の三月に、失墜を改めて思い知らされるような出来事があり、さらに打ちのめされた。アメリーとの結婚時、ローザンはルイ一五世から伯父の元帥が指揮するフランス衛兵隊の襲職権*を約束されていた。この官職はゴントー＝ビロン家の専有物同然になっていた。だが先王の約束を知らないルイ一六世は、サン＝ジェルマン伯爵の提案を受け、王妃の推薦するシャトレ公爵を指名した。ローザンには一切が禁じられたかのようだった。一族は彼を疎ましく思い、またしても屈辱をなめる彼に一切手を差し伸べようとはしなかった。

度重なる辱めと拒絶に、高慢な性格のローザンが傷つかないはずがない。[13] 三〇歳にもならずして宮廷で失脚し、一族と揉め、借金漬けになった彼の野心は、ことごとく潰(つい)えたかに見えた。楽天的で陽気だったのに、少しずつ刺々しい人間嫌いに変わっていった。あれほどの寵愛を示してくれた王妃の手のひらを返したような態度に立腹し、絶対に許すことはなかった。

かつての地位に返り咲き、大貴族としての名声を取り戻して国王に仕えるためには、何かのきっかけが必要だ。当時、フランスを巡る外交状況は目まぐるしく変化していた。一七七七年にイギリス軍がアメリカ独立戦争におけるサラトガの戦いで敗北すると、一七七八年二月にルイ一六

＊113頁参照

世はベンジャミン・フランクリンおよび大陸軍との同盟を結び、英仏関係に緊張が走った。ブルボン家のつながりから、フランスの後ろにはスペイン、そしてネーデルラントをはじめイギリスと敵対する国々がついていた。ローザンは待ってましたとばかりイギリスでの様々な人脈を頼り、ロンドンで情勢を探り、自分が大使をしのぐほど有能で分析能力にも総括能力にも長けていることを示そうとした。イギリスで数か月過ごした彼は、急いでヴェルサイユへ戻った。帰国前には、世界各地におけるイギリスの防衛体制についての詳細な報告書をモールパに送った。ローザンはヴォワイエ侯爵の勧めで海軍大臣サルティーヌ伯爵と会見し、防御の手薄なギニアやセネガル沿岸のイギリス商館を破壊し、イギリスの経済力を削ぐために軍を派遣すべきと主張した。「私が何らかの形で活躍するのを妨げる人がいるのではないかと案じながらヨーロッパにいるよりも、どこか別のところでの方が能力を発揮できる」。特に重要なのが、イギリスやネーデルラントに巨万の富をもたらしていた「黒い黄金」すなわち奴隷三角貿易をたたくことだった。その後数か月、明確な返答のないままフランスの港町カレーでロワイヤル竜騎兵隊と過ごしていたローザンのもとに、秋になってようやく国王の裁可が下りたとの報せが届いた。彼は陸軍を辞して海軍に入ったが、陸軍時代の階級は保持したままで、外国人志願兵部隊の連隊長に就任した。三か月間あちこち駆けずり回り、二〇〇〇名からなる部隊のために武器や装備を調達し、参戦できる状態にまで備えた。

危険な遠征を前に、彼はマリー・アントワネットに会いたいと思った。もう二年近く会っていない。王妃の寵愛がどれほど残っているのかを探ろうとしたのかもしれないが、何よりも傷ついた自尊心を回復し、痛恨の思いを伝えたかったのだろう。彼は王妃に面会すると、高慢な態度で「妃殿下、かように離れた地なら、私の熱意とわずかながらの才能に邪魔が入ることはないでしょうし、正当に評価されて、陰謀や中傷に対処する必要も少ないでしょう」と語った。あまりにも被害者ぶった態度で、うぬぼれゆえに罪を犯したことも忘れている。王妃は一切返事をせず、ちょうど国王が現れたので、ローザンは一言二言挨拶を述べてから下がった。無駄骨に終わったこの会見には優雅さの一片もなく、彼の傷つけられた自尊心のほどを雄弁に物語っている。

その日の夜、彼はまだ王妃の寵愛を受け続けているゲメネ公妃の館へ向かった。館には王妃もいた。ローザンと親しいヴィクトワール・ド・ロアンはこれ見よがしに彼の出発を嘆いた。彼女は事情を知りながらも、公爵を引き留める助けをしてくださいと王妃に頼んだ。だが王妃は露骨に黙ったまま、冷ややかな態度を崩さなかった。彼女の冷たさを激しく恨みながら、ローザンは退出した。今や王妃への未練はきれいさっぱりなくなり、かつての庇護者に敵対する覚悟ができた。一七七八年一二月二五日、公爵の乗ったフェンダント号はブレストから出航し、アフリカ沿岸へと向かった。七四基の大砲を備え、戦列艦二隻、フリゲート艦二隻、コルベット艦数隻、輸送艦一二隻と共に航行した。艦隊を率いるのはヴォードルイユ侯爵だった。[*]イギリス商館はすでに半ば見捨てられた状態だったため、艦隊は大した抵抗も受けずに、迅速に勝利を収めた。栄えある戦いとはならなかったが、アメリカ独立戦争にフランスが参戦したばかりの時期において、この勝利が持つ意味は大きい。一七七九年三月二一日、デファン夫人はホレス・ウォルポールにこう書いている。「二隻の軍艦とわずかばかりの部隊を引き連れたローザン殿は、貴殿のお国の黒人売買の基地だったセネガルを奪取しました。(中略)ローザン殿が今回金脈を見つけていたら、手になさる名声と同じくらいの価値があったでしょう」。だが、時代の記録者として名高い彼女は思い違いをしていた。寵愛の復活を期待してフランスに帰国したローザンは、当時宮廷が滞在していたマルリーへ向かった。だが海軍大臣サルティーヌの応対は冷たく、国王からは一言二言言葉をかけられただけで、王妃に至っては頑なままだった。ショワズールは支持者たちを前に、甥ローザンをこっぴどく批判した。ローザンは現実を受け入れることができず、回想録にも「私は宮廷で歓迎されなかった。(中略)手柄を立てても、昇進も特段の待遇もなかった」と書いている。コルシカから凱旋して、ルイ一五世の宮廷で手放しの歓迎を受けた時代とは大違いだ。宮廷人は、屈辱を受け孤立したローザンと距離を置いた。絶対に負けを認めたくない彼は王妃の催すゲームの夕べに出席したが、王妃は彼の存在をあからさまに嫌がった。のけ者の彼にほんの少

* 下巻「ヴォードルイユ伯爵」注15参照

し同情を示してくれたのはコワニー夫人くらいで、[14]妻さえも自分と敵対する一派に加わった。手柄を無視された彼は深く傷つき、恨みを募らせた。「妻はジュール・ド・ポリニャック伯爵の奥方や、私を陥れようと画策し、実際に陥れ、王妃の寵愛を手に入れた人々の集まりと親しく行き来していた。王妃、つまり王妃をはじめとする人々から受けた扱いは、想像さえできないだろう。彼らはちらりと私に目を向けただけだった。それがあまりにも露骨で、私は愚かにも一時とはいえ動揺してしまった。（中略）私は大きな悲しみを胸に、マルリーを後にした」と苦し気に記している。

サルティーヌはローザンを手持ち無沙汰にさせぬよう、戦争捕虜の監察官に任命した。実戦を望む三二歳の軍人にとっては、興味もわかなければ、未来の希望もないポストだ。ルイ一六世がワシントン率いる大陸軍支援に向けて、アメリカ大陸へのフランス軍派遣を決定すると、ローザンは一も二もなく志願した。ロシャンボー将軍は彼の軍人としての価値を見抜き、サルティーヌに派遣を願い出た。アクセル・フォン・フェルセンを含む六〇〇〇名の兵は一七八〇年五月に出航し、七二日間の航海を経て七月、アメリカに上陸した。戦いは長引き、それまでの世界とは全く異なる環境に投げ入れられたローザンは大きな影響を受けた。

ローザンやフェルセンはいくつもの対イギリス戦で勇敢な戦いぶりを見せ、仲間たちから高く評価された。全く異なる性格の二人だったが、友情が生まれるのに時間はかからず、お互いになくてはならない戦友となった。フェルセンは父に「私は特にローザン公爵と親しくなりました。彼については賛否両論あり、父上のお耳にも、称賛や悪評が入ることでしょう。しかし称賛は正しく、悪評は間違っております。公爵のことを知れば、彼らも考えを改めて正当に評価することでしょう」と書いている。軍隊は男の世界だ。その中でローザンの仲間との連帯感や勇猛さは高く評価された。宮廷人としての権高で厚顔な態度や手練れの誘惑者の面は薄れ、最良の部分が引き出され、快活さと寛大さがこれを引き立てた。

ローザンとフェルセンは、野営しながら焚火を前に王妃のことを話しただろうか。おそらく話したはずだ。というのも二人とも王妃に宛てて、フランスに帰国したらローザンの計画――所有する部隊をフェルセンに譲渡する――を後押ししていただきたいと、手紙を書いているからだ。それ以上のことを二人は話しただろうか。幻想を打ち砕かれたローザンはいつもの挑発的な態度で、棘のある言葉を発したかもしれない。だが控えめなフェルセンは私的な話題を避けていた。ローザンが王妃を批判しても、フェルセンならそれをいさめただろう。だがそうしたやり取りがあった形跡はない。おそらく二人とも王妃に関しては慎重な態度を崩さず、ヴェルサイユ宮廷の華やいだ社交生活やトリアノンの楽しい集まりを話題にするくらいで留まっていたと考えられる。

ローザンはとりわけ一七八一年の戦いで勇猛ぶりを見せた。奇襲や待ち伏せをやり過ごしながら、数か月かけてフランス軍とワシントン率いる部隊が合流し、ヨークタウンを包囲して、コーンウォリスに降伏を迫った。この勝利は大きな転換点となり、ロシャンボーはヴェルサイユに勝利の報せをもたらす使者にローザンを任命し、その勇敢な戦いぶりに報いた。当時の陸軍大臣セギュール侯爵に宛てた手紙には、「国王陛下にコーンウォリス卿の敗北とイギリス兵の捕獲をお知らせする役にローザン公爵を指名することは、小職の名誉とするところでございます。(中略)陛下がローザン公爵を厚遇してくださることを願っております。公爵のお持ちする報せは、現状において非常に重要であると存じます」とある。ローザンはシュルヴェイヤント号に乗り込み、わずか二二日で海を渡った。これほど重要な報せを携えた使者を国王や宮廷が冷遇することなど、あるわけがない。しかもルイ一六世は新大陸に情熱的なまでの興味を抱いている。「国王は私にたくさんの質問をされ、的を射た多くのことをおっしゃった」とローザンは回想している。マリー・アントワネットは、フランス軍の勝利に至るまでの様々な戦闘の話をうんざりする思いで聞いていた。王妃と同じく宮廷人たちも冷めた態度だった。英雄と呼ぶには、ローザンのイメージはあまりにも失墜していた。しかも報酬の一つも与えられず、フランスにおける司令官職についても、陸軍大臣セギュールから一切の保証もなかった。「これは、国に仕えるあらゆる手段を私から奪うつもりであるとの明確な宣言だった」。こうして王妃は彼の戦功をないがしろにし、ローザンはアフリカから凱旋帰国したときと同じ屈辱をなめた。あれほど身を粉にして任務を果たしたのに。セギュールは尊大な態度で、ローザンが何らかの報酬を期待するのは意外だと言った。せっかくコワニー夫人をベッドに誘い込んだのに、ゆっくりと楽しむこともままならない。一七八二年五月にセギュールが「持てる限りの悪意を尽くして」、ローザンを再びアメリカへ派遣することにしたからだ。航海中には熱病にかかり、到着したときは死人のような状態だった。ロシャンボーと再会し、フランス軍の勝利の確立に向けて補佐した。こうして彼は一七八三年九月にヴェルサイユで和平条約が調印されるまで、さらに一年戦地に留まった。

帰国時のローザンは三六歳になっていて、もはや幻想も消え失せていた。ゲメネ一族は派手に破産して、王妃の不興を買っていた。彼らが破産した当時、ロアン一族と親しいルイ一六世は寛大な態度だったが、王妃はかつて公妃から受けた親切を忘れて追放を主張し、彼女の官職を新しいお気に入りのポリニャック夫人に与えた。ゲメネ一族と共に、ヴェルサイユにおけるローザンの最後の味方は姿を消した。孤立したローザンは――意外ではないが――時代の流れに乗り、反王室派に加わった。一七八五年にオルレアン公爵となったシャルトル公爵は、友情に厚いローザンに付け込んで、反王室の流れに巻き込んだ。一七七七年を境に王妃はシャルトル公爵と明白に距離を取り始め、もともと公爵を好いていなかったルイ一六世も妻にならった。恨みが募り、ヴェルサイユやパレ・ロワイヤルで少しずつ挑発や侮辱が囁かれるようになった。若い日に王妃に恋した二人の友人は、今や一致協力して、自分たちを退けた宮廷に反旗を翻し始め、ついには宮廷の破壊に力を傾けるようになる。ローザン公爵の愛人コワニー侯爵夫人はゲメネ一族と非常に親しく、彼らに対する王妃の態度を許さなかった。そのため反王室の動きに加わったが、この対立は結局敗者しか生み出さなかった。王妃とコワニー侯爵夫人は戦いを繰り広げ、王妃が敗北することになる。「私はヴェルサイユの女王ですが、パリの女王はコワニー夫人ですわ」。コワニー夫人は憎悪に酔って、ローザンに「本当にあのマリー・アントワネットときたらあまりに高慢で、あまりに執念深い女性です。不当にも君主の地位を狙っていますが、そこから引きずり降ろして、身のほどを思い知らせてやれたらどんなにいいでしょう！」と書いている。ローザンはかつて王妃に心が傾いたことを忘れ、反王妃の戦いに身を投げた。

当時の多くの者は従来の君主制の行き詰まりを前にして、何らかの変化の可能性を信じ始めていた。オルレアン公爵は政治的要求から国王と対立したが、ローザンを動かしているのは恨みと、無為のもたらす不快感だけだった。二人とも魅力的だが、その下には欺瞞が隠されている。エステルアジも彼らの態度に騙され、一七八五年には「私はアルトワ伯爵を訪ね、八時に夕食をいただきました。舌にとっては美味で、心にとっては快い夕食でした。ローザン殿とシャルトル公爵もおいでになって、非常に感じよく振舞われていました」と書いている。怜悧なレヴィ公爵は革命勃発の数年前に、ローザンの二面性を克明に記した。「ローザン殿は不幸な状況が重なって破滅した。だが一般に考えられているように、自由への情熱や熱狂的な共和主義思想が不幸の主な原因なのではない。彼は頑固者だが、正確な判断力を持っていた。民主的な統治は偉大なる民には不適当で、ましてやフランス人には合わないことをよく知っていた。私は彼がそう口にしているのを何度か耳にしたし、その信念は決して揺るがなかった。だが彼は宮廷に歯向かうことで、自分の立場や国家の安全を危険にさらすことなく個人的な恨みを晴らせると信じた。あまりにも単純に、大貴族が堂々と反旗を翻したカトリック同盟やフロンド時代に戻れると信じた。* そうして彼は身を落としたのだ」。彼らのような大貴族にとって、人民革命など何の意味もなく、革命は貴族が起こすべきものであった。ローザンは書簡の中で自らの行いについて、「私の熱意は行き場を失い、私個人の野心は阻まれましたが、この愛国心は侵すべからざる義務であり、私はつねにこれに従うつもりです」と正当化している。

一七八〇年代、宮廷人の間では政府を糾弾し、自由な社会をもてはやすのが流行っていたため、人々はいとも気軽に国家に批判的な立場を取っていた。王妃の取り巻きたちさえも、政府の信用

* カトリック同盟は一六世紀、プロテスタントに近い国王に対するカトリック勢力の同盟。フロンドの乱は一七世紀、幼くして即位したルイ一四世に対する貴族の反乱

を貶めた。アメリカから凱旋帰国したローザンのようなフランス人たちは自由と平等の思想に浸かり、自らの信条を社会に流布した。ローザンのそれまでの考え方や生き方からすれば、自由を絶対規範とする考えはさほど奇異ではない。一七八三年から八九年にかけて、彼は騎兵連隊長として軍務に就きながらも、ルイ一六世転覆を狙うオルレアン公爵を補佐し、とりわけ一七八七年にカロンヌが招集した名士会では大きな働きをした。ローザンはオルレアン王朝確立を公然と目論む「オルレアン派」と呼ばれる一派に属し、それを隠そうともしなかった。

世情は不安定になる一方だった。三部会開催が決定すると、ローザンはフランス南西部ケルシーの貴族議員に選出された。一七八九年八月四日に貴族（第二身分）の特権が廃止されると、彼は「一般市民（シトワイヤン・ジェネラル）ビロン」を名乗り、オルレアン公爵は「平等（エガリテ）フィリップ」と名乗った。[15] のぼせ上がったローザンは、場違いなところに入り込んでしまった。革命の思想を受け入れ、一七八九年一〇月には憲法制定国民議会に参加した。一方、オルレアン公爵は彼を遠ざけようとするルイ一六世により、イギリスへ送られた。「ビロン」は豪胆なミラボーに乗せられながらもオルレアン公爵に逐一情勢を知らせ、バスティーユ牢獄陥落一周年を祝う連盟祭への出席を要請した。連盟祭は一七九〇年七月一四日に開催され、国王一家も臨席した。

革命初期、国民議会において大貴族たちは新思想に共鳴したが、数か月もすると不信感が芽生えた。一七九一年六月に国王一家がパリからの逃亡を図りヴァレンヌで逮捕されると（ヴァレンヌ逃亡事件）、事の成り行きに危機感を抱いたオルレアン公爵は、六月二八日付で摂政制を敷く意図は一切ないことを宣言した。以降、ローザンはかつての友と距離を置き、しゃにむに軍人として革命防衛に従事した。七月九日には北部軍将軍に、さらにライン軍将軍に任命された。一二月一六日にはフランス南部ヴァール軍の指揮官となり、ヴァール軍はイタリア軍となり、フランスとイタリアの国境を防衛した。「ビロン将軍」はあちこちの前線で戦った。一七九三年にルイ一六世が処刑され、恐怖政治が始まると、保身のため無鉄砲に戦うしかなかった。一七九三年五月には、ヴァンデの反乱*鎮圧のために西部軍に配置された。パルトネーで勝利を収めたものの、内戦に嫌悪して辞任すると、すぐさま反革命の容疑がかけられた。釈明せよと命じられパリに上京するや、公安委員会から反逆罪で告訴された。逮捕され、革命裁判所に出頭したが、判決は予想通り死刑。これまで大して生に執着を見せなかったローザンは最期まで尊大さを失わず、牡蠣と白ワインを取り寄せて看守と共に味わってから、荷車に乗って断頭台へ向かった。ローザンは一七九三年一二月三一日に、革命広場**で処刑された。その二か月前の一〇月一六日にマリー・アントワネットが処刑された場所だ。彼の死後、ブザンヴァル男爵は「ローザンは英雄にはなれ

* フランス西部ヴァンデ地方で発生した大規模な反革命反乱
** 現在のコンコルド広場

なかったが、現実離れした人物だった」「判断を誤り、大貴族として生きるのではなく、あえて危険を求めた」と書き残している。妻アメリーは配偶者というだけで投獄され、一七九四年六月二七日に「反逆罪の共犯者」として死刑に処された。

ブザンヴァル男爵

「どんなことをするにも、そこにはわずかながらの熱狂がある」

ヴォルテール

一八世紀の人々は彼の名を、「ブザンヴァル」ではなく「ベズヴァル」と発音していた。ブザンヴァル男爵は王妃の取り巻きたちの中でも、特異な地位を占めていた人物だ。王妃に不可欠な存在となることで、友情を長続きさせるすべを誰よりも心得ていたし、宮廷人としても息の長さを見せた。宮廷では「王妃の娯楽の扉を守るスイス兵」と呼ばれたが、この愛称には、幸福を約束されたかのような楽観的で快活な性格も一役買っていたのだろう。彼は戦争や大革命という災禍に見舞われながらも、激動の時代を運で乗りきった。あたかも運によって大きな災いから守られているかのようだった。自身でも、一七八七年に従姉妹のロール男爵夫人に宛てた手紙の中で、幸運のほどを綴っている。「私が幸せなのは、私の手柄ではありません。ひたすら偶然が働き、私を助けてくれたのです。私は何一つしていません。ただ、物事を違った視点で見ることができる場合には、よい面に目を向けるような思考回路のおかげだったまでのことです」。いわゆる正統な歴史が言及してこなかったことを、ブザンヴァルはあえて明言している。「フランスはヨーロッパの中でももっとも美しく、もっとも強大で、もっとも栄えている」と。そうした国に生きていて、幸せでないことなどありえようか？　歴史家ジャン＝クリスチャン・プティフィスは「ルイ一六世時代初期のフランスは、楽園とはいかないまでも繁栄を謳歌し、人里離れた農村部においてさえ、生きる喜びが感じられた」と述べている。

ピエール＝ヴィクトール・ブザンヴァル男爵はスイス出身だったが、スイス人特有のおっとりとした控えめさよりも、むしろガスコーニュ人のような気性の持ち主だった。陽気な楽天家で、明るい性格と屈強な体力に恵まれ、人生をこの上なく謳歌した。「神は我々に生を与えた。この生を楽しむか否かは我々にかかっている」。* 精神的快楽を説いた古代ギリシャのエピクロスも賛成したであろうこの言葉は、ブザンヴァル男爵にこそふさわしい。機知あふれる善良さとどこか粗野な面をあわせ持ったブザンヴァルは、軽くて飾り気のない人間関係を求めるマリーのお気に入りだった。人の数ほど幸せの数もある。ブザンヴァルの幸運な点は、彼の幸せな生き方が王妃を楽しませ、気に入られたことだろう。

＊ヴォルテールの言葉

ブザンヴァルはアオスタ渓谷フォルニョンの無名の家の出で、男爵だった父の祖父はマルタン・ブザンヴァル（一六〇〇－六〇年）という名だった。当時の資料にはBesenvalではなく、Besenwaldと綴られている。マルタンはアウグスブルクに移り、宝石商と共同で商売をしたのち、スイス二六州の一つゾロトゥルン州の州都ゾロトゥルンに居を移し、その数年後に市民権を得た。この町にはフランス大使館が置かれ、ブザンヴァル一族とフランスとの最初の接点となった。[1]ピエール＝ヴィクトールの父ジャン＝ヴィクトール（一六七一－一七三六年）の評判は極めて高く、ルイ一四世に仕え、スイス衛兵の連隊長となって平民色を払拭し、名を成した。世才に長けた彼は、一七一三年から二一年までポーランドでフランス王使者（現在で言う大使）を務め、神聖ローマ皇帝レオポルト一世から男爵の階位を拝領した。栄えある昇進を果したからには、それなりの結婚相手を探さねばならない。大使に任命された彼が選んだ相手は、カタジナ・ビエリンスカ。ポーランド王室に仕える元帥、ビエリンスキ伯爵の令嬢だ。ジャン＝ジャック・ルソーはパリでブザンヴァル夫人に会って援助を願い出たときのことを、苦々し気に回想している。「私は意を決してブザンヴァル夫人に会いに行った。話が終わって置き時計を見ると、一時近くになっていたので退出しようとした。すると夫人は『お宅は遠いでしょう。もう少しいらして、昼食を召し上がっておいきなさい』と言った。私は誘いを受けたが、一五分もすると、言葉の端々から、彼女の言う昼食とは配膳係たちの昼食を指すのだと理解した。ブザンヴァル夫人はとても善良な女性だが、とても愚鈍で、ポーランドの名門の出であることをひどく鼻にかけていて、才能ある者に対する配慮が欠けている」。それでも、ジャン＝ヴィクトールが彼女を妻に選んだのは賢明な選択だった。というのも、彼女の縁戚には追放されたポーランド王の娘がおり、この娘がルイ一五世と結婚してフランス王妃マリー・レクザンスカとなったからだ。こうしてブザンヴァル一族もフランス王室の遠縁となり、栄光は頂点に達した。ニコラ・ド・ラルジリエールに注文された一組の肖像画はそれぞれジャン＝ヴィクトールと妻を描いており、思いがけなく手にした栄達を宮廷やパリに誇示しようとの意図が感じられる。ヴォルテールは「誰もが王妃の親戚であるブザンヴァル夫人のご機嫌伺いをしています。機知あるこの女性は非常に控えめに、卑屈な人々の相手をしています。昨日、ヴィラール元帥のお宅で夫人を見かけました。王妃とどれくらい近い血縁なのかと聞かれた夫人は賢くも、王妃には親戚などいらっしゃいませんと答えました」と述べている。どうやら、我らがブザンヴァル男爵の宮廷処世術は母親譲りのようだ。善良なマリー・レクザンスカは縁戚を忘れるようなことはなく、つねに庇護し、ブザンヴァルのためにアルザス地方のこぢんまりとしたブルンシュタットを男爵領に格上げした。

二人の間には一七一八年に娘が生まれ[2]、一七二一年一〇月一四日にはゾロトゥルンのヴァルデック城でピエール＝ヴィクトールが生まれた。家庭教師は当時七歳の生徒についてこう記している。「彼は生まれつき、誰もがうらやむような幸せな資質に恵まれている。非常に活発で、とても記憶力がいい。あらゆる分野において、実際の年齢よりも分別がある。愛され方を知っており、知りたいことをたやすく学ぶ。師と認めた相手には従順だが、かっとなりやすい。しかしすぐに落ち着く」。ここには、のちに王妃のお気に入りとなる男性の特徴がすでに表れている。摂政時代に生まれたブザンヴァルは、マリア＝テレジアの末娘であるマリー・アントワネットが生まれたときにはすでに三四歳、彼女が王妃に即位したときには五三歳になっており、王妃の集まりの中でも最年長だった。「老セラドン」と呼ばれた彼は、[3] 年長であることから若き王妃の助言役を自任し、敬意にあふれながらもどこか滑稽な取り巻きだった。息の長い寵愛は彼の才覚の表れであり、歴史家ジュール・ド・ゴンクールも「おそらく彼は自分の生きた時代、愛、宮廷、人生、友人たちを、評価するというよりも愛していた。（中略）満ち足りた男のごとく若く、シワや白髪からようやく、それなりの年齢だとわかるほどだった」と書いている。

生来幸せな性分でも、性格は見かけより複雑だった。一人息子のピエール＝ヴィクトールは甘やかされた永遠の子どもで、先代たちの人格や父母の影響を色濃く残していた。それらは拮抗することもあるが、たいていは補い合っていた。彼はスイス人であることに生涯こだわり続けたが、確かにスイス人らしい安定した落ち着きがあり、律儀に約束を守った。駆け引きを好み、狡猾さもなくはないのは彼個人の性格だろうか。当時の傾向もあるが、娯楽をこよなく愛し、かっと激怒することもあれば、自らを犠牲にすることも厭わない激しく情熱的な性格はポーランド人の血だろう。恋愛はもちろん、ヨーロッパ随一の洗練を誇るヴェルサイユ宮廷を形作っていた美への情熱、教養、エレガンス、礼儀正しさ、見目へのこだわりなどはフランスで身につけた。きびきびとして、部隊に容易になじみ、あらゆる身体訓練に通じた優れた軍人だった一方、自尊心を満足させたいがために自らの地位の重要さを誇示しようと進んでサロンの議論の中心に身を置く、抜け目のない器用な宮廷人でもあった。

彼はわずか一〇歳にして、父が連隊長を務めるスイス衛兵隊に入隊するためにパリにやってきた。部隊での訓練は肉体を鍛え、気持ちのよい気質や誠実さを育み、危険を恐れぬ勇敢さを伸ばした。訓練の成果は、ライン軍に在籍していた一七三四年から三五年にかけての戦で明らかにされた。当時まだわずか一四歳だったにもかかわらず、フィリップスブルクの戦いで大きな働きをし、のちの元帥エストレから称賛されたのだ。父は息子の活躍ぶりに得意満面で、中隊長に昇級させた。

ブザンヴァルがいくら熱心な士官でも、兵営に閉じこもるはずはなく、あらゆる楽しみを追いかけた。何にでも興味を示し、士官として戦うだけでなく、自慢の文学の素養を生かして小説や小話や戯曲を書いた。処女作を書いたのは一七四二年、二一歳のときで、『恋する兵士』と題したこの小説はラ・ローズと呼ばれる若い兵士と、彼について戦場へ向かう美しい妻ジュリーを巡る感動的な物語だ。「私は手紙を書くように小説を書いた。技巧を凝らさずに、そして特に推敲は避けて。私にはそんな芸当は無理なのだから！」と彼は述べている。オーストリア継承戦争中の一七四七年には宿営地で一種の文学サロンを開き、朗読会を催して戦友たちを楽しませた。だが文学や芸術を愛する彼も哲学や慈善となると話は別で、この点、同時代人たちとは異なっていた。貴族としては珍しく「哲学者たちの無秩序な振舞い」を非難し、彼らを「立派な研究と独立心や反逆熱をごちゃまぜにする輩で、社会に知識の乱用をもたらす」とし、「彼らの性格のもととなっているのは傲慢であり、利己主義こそは彼らの基本原則である。（中略）彼らは宗教を攻撃する。宗教は抑制の働きをするからだ。同様の理由から、国王の権威にも攻撃の矛先を向ける。（中略）彼らは自分たちよりも上にあるあらゆるものを貶めて平等化しようと、身分の平等性を叫ぶ」と書いている。多くの宮廷人とは違って、ブザンヴァルは時の流れを読むすべを知っていたのだ。

身長一九〇センチメートルを超える偉丈夫なブザンヴァルは、山岳人特有の健康と体力を誇っていた。端麗とは言えないが、半ズボンと白シルクのタイツの赤い軍服姿はスマートで、周囲を圧倒した。女性たちは彼の魅力を見逃さなかったが、衛兵控室にいるような砕けた調子の話しぶりに驚かされることも珍しくなかった。おしゃべり好きの彼は話のネタにするためだけに、愚行に出ることもあった。女性たちは、何としても話の中心を占めようと努力する彼を一層好ましく思った。一七三六年に父が他界すると、結婚話は立ち消えになった。縁談になど興味のなかった彼にしてみれば、両親の束縛が解けた上に結婚制度に縛られるおそれもなくなった。女好きな性格は変わらず、これからは父の監視を気にせずに情事を楽しむことができる。いみじくもある宮廷人は、「彼以上に感じのよい者はおらず、彼より道徳が乱れている者もいない」と述べている。

その魅力を最初に味わった女性の一人が、女優としてそして恋多き女性としての道を歩み始めたばかりのクレロン嬢だった。[4] 彼女はすっかり夢中になったが、彼の移り気な性格を見抜いていた。「近いうちにパリに行くつもりです。あなたにお会いできるのが、この上なく楽しみだわ。あなたも私と同じくらい再会を待ちきれないと言ってくれたら、この喜びもさらに大きくなるでしょう。けれども、約束できる以上のことをお願いしているのではないかと心配です。もういいの。あなたが少しでも私を求めてくれれば、それこそがこの世の何にもまして重要なのだから」。

同時代人同様、ブザンヴァルが求めたのは自分の性格に忠実に生きることだった。彼はフランスの軽やかな社会道徳を受け入れ、「ルイ一五世時代、フランス人は娯楽のみを求め、陽気さのためだけに生きていた。こうした生き方には絶えず楽しい冒険があり、それを語るのもさらに愉快だった。（中略）毎日のようにこうしたことが起こり、パリ滞在を愉快にした。人々は各地からパリへと詰めかけ、後ろ髪を引かれるような思いで去るのだった」と述べている。彼はパリの毎日を心ゆくまで楽しみ、「誰よりもフランス人らしいスイス人」とか「スイス生まれのフランス人」と呼ばれた。幸せであれば、そこが真の祖国だ。多くの若い貴族同様、娯楽に目覚めたばかりの彼はその後の数年を愉快に過ごしつつ、老後にはそれなりの体面を保てるよう、将来に備えて野心を実現する方策も準備していた。

優れた軍人であった彼は着実に昇進し、一七三八年には中隊長に、一七四七年には准将に任命された。当時彼はブロイ元帥の副官を務めており、姉のエリザベートは元帥の甥の一人と結婚していた。聖ルイ勲章を受章したときには、陸軍大臣は「つい最近、国王は聖ルイ騎士の地位をブザンヴァル殿にお与えになることを承知なさった。彼は一三年間軍務に就き、年齢以上に優れた判断力を持っている。戦争について学び頭角を現すと決意を固め、ブロイ元帥の副官として、ボヘミア地方に遠征した」と述べている。ブザンヴァルはのちに元帥となるセギュールとも親しく、彼と共に当時の戦争のほとんどに参戦している。その親しさから、セギュールの遠征中には彼の妻のアンヌ・ド・ヴェルノンをなぐさめたほどだ。クレオール出身の彼女はすらりとして背が高く優美で、ブザンヴァルは二人が結婚した日から心奪われていた。二人の関係は半ば公然だったが、争いと仲直りを繰り返しながら一五年以上も続いた。一七五六年にはアンヌに二人目の子どもジョゼフ＝アレクサンドル・ド・セギュールが生まれたが、この子の本当の父が誰であるかは誰の目にも明らかで、のちに実父の遺言執行者となった。この子が「ずいぶんと」ブザンヴァルに似ているとアロンヴィル伯爵が口にしても、ブザンヴァルは何食わぬ顔をしているしかなかった。激しい情熱が終わりを告げると、愛人は友人となり、一七七八年五月一二日に彼女が没するまで続いた。決して貞淑な愛人同士ではなかったが、心は強く結び付いていた。セギュールはブザンヴァルの後押しもあって陸軍大臣に就任すると、宮廷人は面白おかしく言い立てた。ボンベル侯爵などは「セギュールに伝えたいことがあるなら、スイス語で話しなさい。ブザンヴァル男爵はスイス人だからです。男爵は大臣の親しい友人で、彼を尊敬しています。それ以前は長年、世の夫たちから恐れられる通俗な栄誉をセギュール殿に献上していました」と軽口をたたいている。

一七五六年に七年戦争が勃発すると、ブザンヴァルは政権を握ったショワズールの庇護を受けて、元帥代理官に任命された。彼は生涯恩を忘れず、「人心の掌握にかけては並ぶ者がいないであろう」ショワズールに忠実に仕えた。ルイ一五世宰相の庇護を受けたことで、ブザンヴァルはマリー・アントワネットに一歩近づいたが、王族との遠い姻戚関係も——彼は決してあからさまには自慢しなかったが――有利に働いた。七年戦争ではオルレアン公爵の副官を務め、再三優れた軍人ぶりを披露した。とりわけ一七六〇年一〇月一六日にイギリス・ハノーファー軍を敵に回したクローステル・カンペンの戦いでは、並々ならぬ勇敢さを示した。ルドゥート[*]奪取に志願し、敵の攻撃をくぐり抜けて一番乗りで城壁をよじ登ったのだ。しかし味方の士気が低下し、戦略的後退を始めると、彼は上方から「おい戦友よ！　状況は悪いが、銃撃を続けてくれねば、こちらとて持ちこたえられないぞ！」とはっぱをかけた。陽気な喝に鼓舞されたスイス兵たちは士気を取り戻し、ブザンヴァルは城壁をよじ登り続けた。何かに秀でるには、その対象への熱意が必要だ。

その数か月後の戦闘ではほぼ部隊全員が戦死したが、ブザンヴァルは戦いに戻った。「ここで何をしているのです。もう負けは決まったのですよ！」と言われると、彼は「オペラ座の舞踏会と同じですよ。退屈でもバイオリンの音が聞こえている間は留まっているようなものです」と答えた。少なくとも、彼は決して腰抜けではなく、際立って勇猛だったことは間違いない。いわゆる「レースをまとった戦い」、すなわちサロンさながらの礼儀正しさをもってマスケット銃で撃ち合う貴族同士の戦いに情熱を燃やし、その情熱は目も眩むほど激しく、才気にあふれていた。敗者には、最強でないという事実しか残らない。一七六三年に和平条約が締結され、ブザンヴァルは無事パリに帰還した。パリのサロンでは、戦場にいるときのように騒々しく陽気に振舞った

---

* 要塞の中央建物を取り囲む防御用の小さな砦

かと思うと、激しい怒りを見せることもあった。勝利と歴史を目の当たりにした彼は、もはや栄達には無関心だった。彼はあまりに人生を、愛を、宮廷を、友人たちを愛していた。おそらく自分の考えている以上に。自制が嫌いで、それは国王を囲む集まりでも変わらなかった。「言葉の上でも振舞いの上でもいくら深く尊敬しようと、つねに窮屈な思いは付きまとう。それはどんなに自由な瞬間でも変わらない。つまりは、国王からの寵愛は嫉妬と敵を作ることになり、大きな犠牲を強いるということだ」と自身でも述べている。とはいえ、ブザンヴァルは自制心が強かった。これは宮廷で生き延びるのに不可欠の技術だ。恋愛では束縛のない自由を何よりも尊び、女性たちをいともたやすく征服しながら、決して深入りはしなかった。

彼はスイス・グラウビュンデン衛兵隊監察官に任命されたが、これは多分に連隊長を務める宰相ショワズールの後押しによるものだった。ショワズールにとって、ブザンヴァルはこの上なく忠実で熱心な腹心であり、ブザンヴァルの宰相への感謝の気持ちは変わることがなかった。ショワズールが一七七〇年に失脚すると、彼は倦むことなく宰相の復帰を働きかけ、マリー・アントワネットの支持を取り付けようと、持てる限りの影響力を行使した。ショワズールが豪勢な追放生活を送るシャントルー城へ定期的に足を運び、彼の甥でやはり王妃のお気に入りのローザンとも顔を合わせた。

ルイ一五世治世最後の数年間、ブザンヴァルは人生を楽しみながらも責任をもって軍務を遂行した。スイス衛兵隊は長年続いた二つの戦によりひどく弱体化していたが、ブザンヴァルはこの精鋭部隊を立て直して栄光を取り戻させようと力を尽くした。ヴェルサイユ宮殿の国王の近くに配置されることの多かった彼は、容姿端麗で自分のように偉丈夫な男性を徴募したいと考えた。そうすれば、王室のイメージも上がるだろう。ゾロトゥルンを訪問したときには、部下にこう書いている。「こちらにはまだロール中隊の四名がいるので招集するように。全員を我々のもとに招集せねばならない。数名、少なくとも一五名の美男に見当を付けておくこと。必要なのは美男だ！」。彼は自らの部隊のために徴募士官の役を買って出た。ボンベル侯爵は一七八二年六月に日記にこう書いている。「夕刻、川のほとりを散歩した。ブザンヴァル男爵は、リュエル村の羊の群れを率いていた羊飼いに目を付けた。衛兵隊に格好の美男子だ」。ショワズールは宰相時代、ブザンヴァルの働きに大変満足し、毎年宮廷人を集めてスイス衛兵隊のうちの一部隊に行進させることと決めた。

一七六一年に母が他界すると、ブザンヴァルは遺産を相続し、パリのグルネル通りのシャナック・ド・ポンパドゥール邸を購入した。ローザン公爵夫人の恐るべき祖母リュクサンブール公爵夫人の所有していた館だ。[5]彼はここに貴重な絵画コレクションや、熱心に探し驚くほどの大金を払って購入した極東の磁器コレクションを運び込んだ。[6] 下巻で取り上げるヴォードルイユ同様、ブザンヴァルも芸術の虜で、熱心に蒐集した。道楽者の彼は繊細な感覚を持ち、専門家ぶることはなかったが、絵画の見識眼は高く評価されていた。秘書デプレは「彼〔ブザンヴァル〕は非常に整然としていて、デッサンや芸術理論について深く学ぶ必要はなかった。美の瞬間を味わえれば、それで満足だった。間違えようにも、さほどの知識はなかった」と書いている。ブザンヴァルは社交界を挑発して楽しんでいたが、非常に的確な美的感覚を備えた審美家であることは確かだった。建築家ブロンニャールに注文した大理石の浴室は素晴らしい出来で、温水栓があり、彫刻家クロディオンによるニンフを描いた浮き彫りが施されている。同じくクロディオンによる物憂い裸体の若い女性像は泉を表している。パリ社交界は競って、この浴室の見学に訪れた。その他の分野もそうだが、芸術においても、ブザンヴァルの選択基準は自由と奔放な想像力だった。彼のルールはただ一つ、快楽だ。彼はあまたの余分なものがなければ、人生は惨めだと考えるタイプの人間の一人だった。ヴォルテールも「趣味に関しては、それぞれが思い通りにすべきだ」と書いている。

不実で一人の女性と深い関係を築くことのないブザンヴァルは、女性が結婚に向いているとしても、男性は独身で生きるようにできていると考えていた。姉ブロイ侯爵夫人は信頼できる共犯者であり、家の一切のことを引き受けていた。弟から深く慕われていたが、一七七七年に没し、彼は一七八四年一二月に旧友セギュール元帥を用益権*受遺者に指定し、これにより息子セギュール子爵は虚有権**を得た。セギュール子爵とブザンヴァルが親子関係にあることは明らかで、二人そろってグルネル通りの邸宅で、ルイーズ・コンタやソフィー・アルノー、デュガゾンといった当代きっての女優や、モンモラン、ナルボンヌ、ラ・リュゼルヌ、ブルトゥイユなどの著名な政治家、リヴァロル、シャンフォール、コンドルセといった高名な批評家たちを招いていた。

＊＊＊

ブザンヴァル男爵の性格にはいくつもの矛盾がある。軍隊ではあえて陽気に振舞い、毒舌で同僚たちを楽しませ、部下たちの手本となり、疲れを知らない活動で上官たちから評価されたが、根本的には衝動的でかっとなりやすい性格だった。友人セギュール――彼は妻を寝取られたことをさほど根に持たなかった――によれば、ブザンヴァルの使用人たちは短気な主人に悩まされることもあったそうだ。ブザンヴァルの父の代から仕えているブランシャールは、王妃から贈られた植物が植えられた大切な日本製の磁器を壊してしまい、命の危険を感じるほどの激怒を買った。

* この場合は土地を使用収益する権利
** 用益権の設定された土地の所有権

翌日、ブランシャールが姿を現さないのを不審に思ったブザンヴァルは、ばつの悪い思いで彼を呼びに人をやった。やってきたブランシャールは、「旦那様にとって私は腹立たしい存在となったようでございます。私は年を取り過ぎました。のろのろとしか動けず、旦那様の凶暴な性格を刺激するばかりでございます。今まで大変なご厚意を受けてきましたし、これからもお仕えする所存でございますが、別々に住むべきでございます。そうすればお互い嫌な思いをすることはないでしょう」と述べた。動揺し後悔したブザンヴァルは威厳をもって、「そうか！　それは決定なのだな？　では別々に住まねばならぬな。そちは父に仕え、奥方は私を育ててくれた。この館ではそちの方が私よりも古株だ。だからここを出ていくのは私ということになる。そちが私の欠点を耐えられるようになったときに戻ってこよう」と答えた。こうして二人は抱擁し合い、この感動的な話は宮廷中の語り草となった。ブザンヴァルなら、一七七一年にコメディ・フランセーズで初演されたゴルドーニの『親切な気難し屋』の怒りっぽくて気のいいジェロント役にぴったりだったろう。

リーニュ大公は回想録に、「彼は他人の目から見れば誰よりも明るい男だし、私が会った中でももっとも好ましい人物の一人ではあるが、その実どこか陰鬱で、私生活では特に使用人に対して不機嫌だ」と記している。これは婉曲な言い方で、実際はうんざりするような不平屋だった。一九世紀の童話『ドゥラキン将軍』のように、激しやすいがほろりとさせる。心優しい人が怒っても、人はたやすく許す。ではブザンヴァルが心優しかったかというと、答えは難しい。

彼は見かけこそスイス人らしい率直な山男だが、その実、策略が大好きで、敵に回すと恐ろしい相手だった。我らがアルキビアデス*は宮廷では性格の欠点を巧みに隠し、つい怒ることはあっても信頼を得ることに努め、決して冷静さを失わなかった。誠実そうに見えて、裏には相手に取り入ろうとの意図が隠されている。気取らない言動は功名な見せかけだ。計算して落差を演出し、なれなれしさは善良さ、怒りっぽさは純真さ、剽軽さは「異国のスイス人らしさ」として大目に見られる。彼を見ていると、壊れやすいものを器用に扱う人を連想する。がっしりとした手でものを扱う様子はいかにも荒々しく、持ち主を戦慄させるが、結局は何も壊れない。女性たちは彼のことをとんだ粗忽者だと言うが、その実、夢中になっている。彼もあえてこうした演出をし、女性たちを笑わせ、王妃をも懐柔したため、ヴェルサイユでは「キュテラ島を守るスイス兵」と言われていた。[7]歴史家ピエール・ド・ノラックが言うように、「情報通の彼が繰り広げる辛辣な話は、隣人を傷つけつつ王妃を楽しませていた話の典型だった」

だがブザンヴァルは決して素朴な人物ではなかった。彼との親しい付き合いは、マリー・アントワネットの評判にも影響を及ぼすことになる。自由な振舞いと奔放な品行の間にはほんの少し

* 古代ギリシャの政治家。弁舌に優れ、愛人が絶えなかった

だけ距離があるが、風刺作家たちはその距離をいとも簡単に乗り越えた。次の四行詩は、かつての愛人からぞんざいに扱われたブザンヴァルが即興で作ったものとされている。

あなたのいかめしい様子と
虚ろで貞淑な様子を見ていると
さもあなたが私を……*かのような
錯覚に落ちます！

社交界特有のこうした露骨な表現はブザンヴァルのものではないだろうが、彼のややきわどい自由闊達さが意地悪く解釈されうることを示している。しかも彼が王妃の取り巻きの一人であることは周知の事実で、取り巻きたちへの攻撃は最終的には王妃を標的にしていた点も忘れてはならない。バショーモンは一七七六年三月六日に、コレ・ド・メシーヌによる戯曲『アブドロニムスあるいは羊飼いの王』に言及している。「歌の続きはさらに低俗で、恥知らずにもブザンヴァル男爵の名を挙げている。男爵はスイス衛兵隊の中佐で、光栄にも王妃から信頼を寄せられてい

* ……の箇所には当然、口汚い表現が入る

るが、極めて卑怯なやり方で信頼を利用しているかのように描かれており、何ともおぞましい」*

ブザンヴァルは抜け目ない宮廷人で、深みよりも派手さ、教養よりも飾り気のなさを備えていた。とりとめのない会話はあちこちに飛び、話し相手は息つく間もない。だが知性とか教養よりも活発な気質を好む王妃の集まりでは、こうした性格はむしろ有利に働く。教養ではなく気晴らしを求めるマリーは、ブザンヴァルの当意即妙の受け答えに大喜びした。本人もこの点に気付いており、「いくつかの小説を除いて、王妃が本を開かれたことは一度もない」「王妃に才知がないわけではない。だが受けた教育は、教養という点から見て無に等しい」と述べている。そのため彼は、王妃を退屈させるなどという失敗は犯さないよう注意を払った。あくまで軽快に重大事などとは無縁の人物を演じ続け、自身でも、国王の周りには「何の意味もなさない言葉しか飛び交っていない。話題は月並みな事柄、スペクタクル、狩りのことばかりだ」と述べている。あるとき、しばらくヴェルサイユから遠ざかっていた年老いた公爵が帰京し、ブザンヴァルに宮廷では何が流行しているのかと尋ねた。ブザンヴァルは、「お教えいたしましょう。ノミ色の服、ノミ色の上着、ノミ色の半ズボンをお選びになって、胸を張って伺候なさいませ。これこそ昨今の宮廷で頭角を現す唯一の手段です」と答えた。何の変哲もないものも毒舌で粉飾して、面白おかしく仕立てる

* バショーモン自身は一七七一年に他界しているが、この文章の収録された『秘密回想録』はその後も続いた。バショーモンは名前のみで、実際の著者は別に複数いると思われる

のが得意なブザンヴァルには、こうした無意味で空虚な外見こそが似つかわしい。つまるところ彼は宮廷人であり、それ以上の何者かになる手段を持たなかった。政治通を自負していたが、その政治的視野は「狭い」というのがもっぱらの評価で、移り気な彼の手に負えそうな重職はそうそうなかった。自身でもそのことを自覚しており、自らの影響力を巧みに利用した。

彼は鋭い勘の持ち主で、知らないことも知ったかぶりをして、よくわからないこともさも熟知しているかのように語ることができた。劇作家ボーマルシェの言葉を借りるなら、「知っているのに知らないふりをし、知らないのに知っているふりをする。これこそが政治だ」。オーベルキルヒ男爵夫人は回想録でこう述べている。「ブザンヴァル男爵は教養人ではないが、とても貴重な素質と才知と魅力を兼ね備えていて、彼を特別な人物たらしめている。勉強はお好きではなかったようで、全くと言っていいほど学はない。けれども抜け目なく、外交に長けていて、誰よりも物事を見抜き、巧みに話す」。こうした話術の才能は栄達に大きく寄与した。彼自身、無知のレッテルを貼られることを恐れながらも、自らの無教養を認めている。マリーを囲む集まりではやや噂好きな人物とされたが、話術を生かして、宮廷の艶聞を語って聴衆をはらはらさせ、引き込んだ。こうした艶聞をむさぼるように集めてきては、「男性たちがどのように愛人のリストを充実させているか、女性たちがどのように公然と愛人たちを厄介払いしているか」を語り、「社会道徳は失われようと、社交界はいつまでも続く」と述べた。彼の言葉を信じれば、社交界は呑気で他愛のないことが支配する王国だった。少なくとも、彼はそう学んだ。おかげで、王妃の取り巻きの中心人物の一人になれたのだ。カンパン夫人は真面目な話題など顧みられないこうした集まりについて、「王妃の親しい取り巻きたちの間で話題になることといえば、新しい歌、その日の格言、ちょっとした醜聞ばかりだった」と述べている。この点、ブザンヴァル男爵は王妃の集まりの道化役にぴったりの人物だった。だが彼に下心がないはずはなく、見返りがあるからこそうした役回りを引き受けていたのだ。

実際、ブザンヴァルが損得抜きで話したり行動したりすることは稀だった。おしゃべり男に見えて中身は空っぽ。つまりそれだけ話術を心得ていた。器用に追従を並べ立て、名門貴族たちの扱いにも長けていた。自身でも回想録で、「しかるべき地位にある者なら、指示されたくないと思うだろう。人に命じられるのは我慢ならないが、提案されるなら話は別だ。抜け目ない者なら、計画の成功を左右する人物の自己愛をくすぐり、細かな方策は任せ、さも自分が主体となって行動している錯覚を起こさせることを心がけるべきだ」と述べている。彼はマリー好みの軽薄で無造作で自然な男性像を作り上げたが、その裏には野心と策略が隠れている。確かに宮廷では策略は必要不可欠だ。策略なしでは、移り気な王族たちの気を引き留めておくことさえままならない。「ブザンヴァルは進んでいろいろなことに首を突っ込んでいたが、本質的には、大臣たちを持ち上げたかと思うとこき下ろすその他の宮廷人たちと変わらない」とリーニュ大公は語っている。

＊＊＊

ブザンヴァルが宮廷で頭角を現し始めたのは、マリー・アントワネットがフランスに輿入れしてから数か月後のことだった。ルイ一五世は一七七〇年一二月二四日にショワズールを罷免し、スイス衛兵隊の新司令官に孫のアルトワ伯爵を指名した。アルトワ伯爵は、部下であるブザンヴァルの朗らかで開放的な人柄に魅了された。しかも王族との縁戚関係を鼻にかけることもない。幼さの残る伯爵は、今まで会ったこともなかったこの遠縁の男を気に入った。伯爵はひとたび気に入った相手にはとことん入れ込む上に、人間関係にも軍事方面にも何の経験もなかった。八歳のときに父を亡くした彼は、ブザンヴァルの内に親切な導き手を見、きわどい言動を操る達人と仰ぎ、自分の行き過ぎた行動や弱さを寛大に受け止めてくれると信じた。「アルトワ伯爵はこの種の無気力に浸かっており、もっとも心動かすものに対しても同様だった。（中略）最初こそ熱心に打ち込むが、やがて強要されねば持続できなくなる」

ブザンヴァルは、陰謀という広大な戦場ではあらゆる物事を助長せねばならぬと知っていた。アルトワ伯爵のような凡庸な男の不品行や限界でさえそうだ。伯爵は何者をも——兄王さえも

――敬わぬ乱れた生活を送っていたが[8]、それでも率直で気前がよく、内気で慎重なルイ一六世や計算高く偽善的なプロヴァンス伯爵とは一線を画していた。魅力的で明るい性格は宮廷人たちからもてはやされていて、王族も彼の憎めなさゆえに、この腕白小僧を大目に見ていた。伯爵がブザンヴァルと意気投合したのも当然で、ブザンヴァルはこう述べている。「アルトワ伯爵は非常に見栄えがよく、あらゆる美点を備えていた。信頼でき、温かで率直で忠実な友人。高貴で公正で、高邁ではないけれども気安く、勇敢な者たちに感服する心。一言で言えば、自然は彼にあらゆるものを与えたが、教育は何ももたらさなかった。ラ・ヴォギュヨン殿が教育をなおざりにしていたからだ。このため、伯爵は何の準備もないまま、初歩的な知識さえ身につけないうちに社交界に入れられ、これにひたすら夢中になった」。もしかすると、ブザンヴァルがアルトワ伯爵に好意を抱いていたのは、伯爵に波乱万丈の自分の青春時代を重ねていたからかもしれない。リシュリュー元帥は、ブザンヴァルがアルトワ伯爵に忠実ではあるけれども、伯爵の欠点を直せないでいると述べている。「男爵は勇敢なスイス人で、伯爵に深い忠誠を示している。愛想よく振舞い、あちこちを動き回り、いろいろなことをしているように見えて、重要なことはしくじり、それを解決できるわけでも、その結果を抑えられるわけでもない人々の一人だ。雄々しさと艶事を混ぜ合わせるアルトワ伯爵にとって、ブザンヴァルの意見は私の助言同様に無益だ」。アルトワ伯爵は年が離れた遠縁のブザンヴァルを敬っているかに見えて、実は二人ともわがままな子どもと変わらず、娯楽のみをひたすら追い求めた。二人の違いと言えば、ブザンヴァルはもう五〇歳を超えようとしていることくらいだ。

ブザンヴァルにとって若き伯爵との友情は、王族の私室へと通じる階段の第一歩だった。彼はわずかの間に、王族に仕える僕（しもべ）から王族の友人へとなり上がった。彼を王太子妃マリーに紹介したのもアルトワ伯爵で、ブザンヴァルはまだ賭け事の楽しみを知らぬ未来の王妃にトリック・トラック*などの遊びを教え込み、一目置かれるようになった。彼らは何時間も共に過ごし、口さがないブザンヴァルはマリーに宮廷の最新の噂話を披露した。カンパン夫人は「ブザンヴァル男爵はスイス人ならではの素朴さを残しながら、フランスの宮廷人らしいずる賢さも身につけていた。五〇歳も過ぎ、髪には白いものが交じる外見のおかげで、女性たちから壮年の男性として信頼を寄せられた。それでも、恋愛の駆け引きには相変わらず熱心だった。彼は熱っぽくスイスの山々について語り、（中略）この世でもっとも弁舌に長けた語り手だった」と述べている。肩の凝らない話、耳触りのいい言葉、お世辞、様々なエピソード、当時流行していた言葉遊びや、言葉を使った謎々[9]――おべっかの下に隠された図々しい顔が一瞬見える遊びでもある――を通して、ブザンヴァルは王太子妃に世間話や恋話を聞かせた。

* 92頁参照

ルイ一五世時代の終わりまで、ブザンヴァルは自らの魅力を駆使して名門貴族に取り入りながら、若き王太子妃を観察した。「王太子妃はつねに美しいわけでもなければ、均整の取れた体つきでもないが、その肌の輝きや堂々たる物腰、あふれんばかりの優美さは、彼女よりも美しく生まれついた女性たちにも負けず、それどころか彼女らを圧倒するほどだった」。マリーはブザンヴァルがショワズール一派であることを知っており、この点を高く買っていた。彼はやすやすと王族たちの私的空間に入り込み、王妃となったマリーの午後の集まりや夜会の常連となった。王妃の夜会の盛り立て役として名をはせ、王妃と会おうとすると、その横には必ずと言っていいほどブザンヴァルがいた。彼はマリーに対して、アルトワ伯爵のときと同じように、よき導き手として助言役を演じることにした。本来の助言役である目ざといメルシーは自らの役割をあきらめるつもりなどなく、こうした状況を危惧した。一七七五年一一月一八日付でマリア＝テレジアに宛てた彼の書簡には、「王妃はブザンヴァル男爵の忠誠をたいそう頼りになさっていますが、男爵自身は慎重さに欠け、策略に無関心とは言いきれず、王妃が安心して重大な事柄を打ち明けられるような人物ではございません」と書かれている。事実、マリーは不用心にも、不幸な結婚生活について打ち明けたようだ。浮かれたブザンヴァルは秘密を守りきれなかったらしく、つねのごとく小唄が流れた。

王妃は無分別にも
ブザンヴァルに秘密の話を打ち明けた
王様は哀れな方なのです、と
ブザンヴァルは軽い調子で答えた
皆そう思っていながら、口に出して言わないのですよ
あなたはそう思ってはいないのに、口に出しておっしゃるのですね、と

激怒したマリア＝テレジアはメルシーに、「娘がブザンヴァル男爵に国王についての私的な話をもらした事実は、娘の考えの足りなさをまたしても証拠立てているのです」と書き送った。女帝は、いくら血がつながっていようと才能が遺伝するわけではないことを、再三痛感させられた。

だが、宮廷では秘密などあっという間に知れ渡ることもまた事実なのだ。追従と娯楽を得意とするブザンヴァルは、王妃を油断させてたちまち秘密を引き出し、自分に有利なように宮廷に流して、寵臣としての地位を固めた。マリア＝テレジアは一七七六年に「娘がブザンヴァル殿と個人的な引見をしたことに驚いています」と書いている。メルシーは「男爵は王妃がおっしゃることを歪曲したり、自らのあるいは友人たちの利益のために王妃から寄せられる信頼に付け込んだりと、一種の裏切りを繰り返す恥ずべき存在」であり、王妃がそんな人物を信頼するのは危険で

あると述べている。

同時期、リーニュ大公は、ブザンヴァルは王妃に恋心を抱いていると述べている。「彼が自分でも気付かないうちに、王妃に恋していることを私は見抜いた」。カンパン夫人も同様の疑念を抱いたが、若さを謳歌するマリーを前に、それ以上の恋心は起こらなかったようだ。

王妃からの信頼をほしいままにした老伊達男も、寵愛が陰り始めると、それまでの過ちや彼女への礼を欠いた態度のツケを払わされることになる。だが年老いても情事に耽る彼には、寵愛以外の有利な点があった。もしかすると、こうした利点なくしては、王妃からこれほど多大な信頼を長い間受けることはなかったかもしれない。一七六〇年代末から、彼はある若い夫婦と親しく行き来するようになっていた。一七六七年に結婚したこの夫婦――ジュール・ド・ポリニャック伯爵――は将来有望と期待されており、夫はロワイヤル・ポーランド連隊の中隊長で、軍人という共通点からブザンヴァルと親しくなった。だがブザンヴァルの興味を引いたのは、むしろ美しい伯爵夫人の方だった。夫妻は現在のセーヌ＝エ＝マルヌ県に位置するクレ＝スイィ城に住み、男爵は足しげく通った。ポリニャック家は旧家で、一七世紀には美徳と才能に恵まれたポリニャック枢機卿が輩出している。だが過去の栄光とは裏腹に一家は困窮し、わずか四〇〇〇リーヴルの年金で生活をやりくりしていた。しかし伯爵夫人は貧乏にも動じなかったようだ。「こうした苦しい状況でも、ポリニャック夫人は不満の一つも言わず、人付き合いにおいてもその魅力や明るさが損なわれることはなかった」。夫妻はヴェルサイユのボン・ザンファン通り*にささやかな住まいがあり、時たま宮廷に出かけては気晴らしをしていた。伯爵は物腰の柔らかい地味な人物だが、伯爵夫人ヨランドは「この世のものとは思えぬ美しさ」だった。一時ブザンヴァル男爵の愛人となり、夫妻と男爵の関係は一層親密になった。束の間の情事は後くされなく、やがて確かな友情へと変わった。二人の友情においては、共通の利害やお互いの社会的成功も重要な要素だった。伯爵夫人の寝室に熱心に通っていたヴォードルイユ伯爵も加わって、魅力と野心あふれるヴォードルイユ伯爵、ポリニャック夫人、夫人の義妹ディアーヌ、ブザンヴァルの四人組はさして良心のとがめもないまま、ひたすら王妃の寵愛を求め、ポリニャック伯爵は妻が美しいばかりに不貞を甘受せねばならなかった。「彼は妻に愛されるというよりは友人のような存在で、つねに友人としての立場を甘受し、腹を立てることもなく、友人以上の存在になれないことにも耐えていた」とティリー伯爵は述べている。

すでに王妃と親しかったブザンヴァルは回想録の中で、一七七五年春にヴェルサイユの庭園で[10]、次いで鏡の回廊の舞踏会で、王妃とポリニャック夫人の絆を深めたのは自分だと自慢気に語っている。「私は早々に、王妃が彼女に興味を抱いたことを見抜いた。彼女がこの友人〔王妃〕

* 現在のパントル・ルブラン通り

からあらゆる利点を引き出せると直感した私は、その興味を打ち砕くのではなく、反対にこれを刺激した。同時に、私はポリニャック夫人の幸運に感心するばかりで、その道を閉ざすことなどとてもできなかった」。「ジュール伯爵夫人」が王妃の取り巻きに加わり、かつての愛人は今や仲間となった。「節度があり明るく快いポリニャック夫人の話しぶりは、マリー・アントワネットにいたく気に入られた。夫人は優美に踊り、上品に歌い、数多くの長所に恵まれた気質だったので、王妃が心を奪われないわけがなかった。そのためほどなくして、彼女は取り巻きの集まりや、王妃がヴェルサイユやトリアノンで催す宴や音楽会に呼ばれるようになった」とマリーの乳兄弟ウェベルは述べている。寵愛はのちに陰りを見せながらも、一七八九年まで一四年間続いた。

ヨランドはマリーにとってなくてはならない友人となった。彼女はいつもブザンヴァルやヴォードルイユと共に王妃に会いにやってくる。「王妃の親友」の親友であることが、ブザンヴァルの栄誉だった。一同はかつてないほど親密になり、老軍人と快活な伊達男が二〇歳そこその美しい女性たちに囲まれるという、前代未聞の構図が出来上がった。しかも彼らは気にも留めていないようだが、女性のうち一人はフランス王妃なのだ。

男爵は王妃の前で年老いた賢人の役を演じることで、自らの地位を固めようとした。「私は善意や信頼を示してくださった王妃に深い愛着を抱いた。私は二〇歳の女性との会話にかなった話し方で彼女に話しかけ、つねに優先すべき娯楽を損なうことなく、彼女に王妃としての役割を演じさせ、その名声をこの上なく確実にし、幸福を確かなものにすることだけに集中した。私は彼女にそうした才能があると信じていたし、自分こそがその才能を伸ばしたのだと悦に入っていた」。こうした言葉は、ブザンヴァルが狡猾な宮廷人であったことを裏付けている。王妃を支配しようと目論む彼は娯楽こそが彼女の生活の要だと見抜き、そこには触れることなく、逆に進んで娯楽に加わって私生活により深く干渉しようとした。王妃の陽気な取り巻きっての愉快者の役を買って出ることで、必要不可欠な存在にのし上がったのだ。自分が王妃に悪い影響を及ぼすのではないかなどと、気に病むこともない。レヴィ公爵は、「彼は王妃の人をからかう傾向を助長した」と指摘している。

アルトワ伯爵同様、マリー・アントワネットも九歳で父を亡くし、大人の男性に特別な感情を抱いていた。早くに父を失った彼女はそうした男性の内に無意識に、母が伝説的存在にまで高めた父の姿を見ていた。この点、フランスに着いたばかりの頃のマリーにとってルイ一五世は重要な存在であり、メルシーやヴェルモン神父も部分的にではあれ、こうした役割を担っていた。夫は目立たず、支えてくれるわけでも助言してくれるわけでもなかったから、彼女は安心感を与えてくれる大人の男性や、娯楽を提供してくれる若い男性と交流するようになった。こうした見方に立つと、ブザンヴァルは両方のカテゴリーに属する特殊な存在だ。ずっと年上で安心感を与えてくれるし、快活な性格は楽しみをもたらしてくれる。こうした無二の立場を確保することで、彼は特異で奇妙な影響力を手にし、それを利用して策略を巡らせ、人々を刺激した。彼によれば、王妃は時々無遠慮な人々を避けて、彼にこっそり会っていたそうだ。ただし、国王にはこのことを知らせていた。「王妃の秘書カンパン殿は誰に話すともなく、『ついてきてください。ただし人目につかぬよう距離を置いて』と口にした。彼に従って今まで全く知らなかった扉や階段を通っていくと、人の目も耳も届かない場所に着いた。『ムッシュー、こうしたやり方は思わせぶりではありますが、そうではないのです。夫君（国王）もこのことはご存じなのですから』『カンパンよ、白髪もシワもある男が、二〇歳の若く美しい王妃に何かの用事以外の目的でこんな回り道をさせられるなどと思うわけがありませんよ』『王妃がお待ちでいらっしゃいます』とカンパンはもどかし気に言った」

ブザンヴァルに好感を抱いていたのはルイ一六世も同じで、感情の起伏の乏しい彼なりに慕っていた。ルイ一六世は宮廷人の策略に警戒こそすれ興味などなかった。彼がブザンヴァルを評価したのはそうした策略に乗せられたからではなく、宮廷事情に通じたブザンヴァルの巧みな率直さにひかれたからだった。国王はブザンヴァルの判断力を評価していたし、ブザンヴァルは状況次第で率直さを見せたり隠したりするすべが必要なことを知っていた。つまり状況に合わせて態度を変え、こうしたことに不慣れな国王の信頼を勝ち取ったのだ。歴史家ゴンクール兄弟は、「六〇歳のブザンヴァルは国王を囲む集まりに加わりたいと考えた。国王を囲む唯一の集まりとは狩りだ。そこで彼は若い男性のごとく国王の前に登場した。初めて国王にお目通りする若者のような灰色の服を着、家系図を準備し、馬車に乗って、狩りへと向かった」と書いている。ある記者は、「ブザンヴァル氏はベリック元帥の死に立ち会い、*その四〇年後には狩りで鹿の死に立ち会った」と書いている。ただし国王には狩り以外の集まりはなく、愛人もいないので、王族の私生活に入り込むには王妃に取り入るのが一番の近道だ。ブザンヴァルもこの点を早くから見抜き、ルイ一六世に対しては警戒心を起こさせず信頼を得るよう心がけた。彼の見立ては当たっていた。

ブザンヴァルはマリー・アントワネットと親しくなると、自らの影響力を試し始めた。一七七五年四月、王妃の取り巻きを率いていたブザンヴァルは軍隊での立場を確立すべく、フィッツ＝ジェームズ公爵を元帥にするよう王妃に働きかけた。公爵の妻は王妃の首席女官だ。王妃は国王の説得に成功したが、陸軍大臣サン＝ジェルマン伯爵は「陛下、フィッツ＝ジェームズ殿が戦でいかなる功績を上げたというのでしょう！」と反論した。ルイ一六世は自分がまんまと言いくるめられたことに気付き、約束を反故にしようとしたが、すでに王妃から元帥職を確約されたフィッツ＝ジェームズは控えの間で今か今かと待っていた。この昇進にパリ中が腹を抱えて笑

* 一七三四年にフィリップスブルクの戦いで戦死

った。

ややや滑稽で強引なこの最初の勝利に、ブザンヴァルは安堵した。自分は陰の助言役として、昇進も降格も思いのままに操れるのだ、と。少なくとも彼はそう信じた。王妃の寵愛はとめどなく注がれ、彼は今度はエギュイヨン公爵を実験台に自分の力を試そうと思い立った。ブザンヴァルから毛嫌いされていた公爵は、ルイ一六世が即位した頃に宮廷から追放され、フランス中西部トゥール近くのヴェレッツ城に隠棲していた。信心深く保守派で、もともと反オーストリア政策を掲げていたため、ショワズールと敵対していた。ルイ一五世に追放されていたショワズールの復帰はブザンヴァルのひそかな悲願だった。彼はマリーに、エギュイヨン公爵は世に出回っている王妃と取り巻きを中傷する文書や風刺文書の首謀者と目されており、絶えず王妃の名誉を貶めようとしているのに、まだヴェルサイユの近くに住んでいるなど許し難いことだと言い聞かせた。「私は王妃に、悪意に満ちた執念深い性格の恐るべきエギュイヨン公爵が率いるあのように気がかりな徒党をのさばらせておくことは危険だと強硬に説明した」。エギュイヨン公爵は絶えず陰謀を企て、王妃に歯向かう。卑劣で厚顔な彼の敵意は激しくかつ巧妙で、国王をはじめとする多くの者たちの忍耐も限界に来ていた。ブザンヴァルの言うことには何のでっち上げも誇張もない。事実、メルシーも同時期にマリア＝テレジアに宛てて、「綿密な調査と観察により、王妃に対して企てられてきたこまごまとした陰謀は、主にエギュイヨン公爵によるものとの手がかりを入手しました」と知らせている。ブザンヴァルは自らの二重の意図を隠そうともしなかった。「王妃の利益に関わることとあれば、エギュイヨン氏を攻撃するのに充分な理由となる。だが私にはほかの動機もあった。ショワズール殿の失墜を画策したのは彼なのだ。彼を罰せねば私の気が収まらない。エギュイヨン氏に余力がある限り、ショワズール殿の復帰を期待することはできなかった」

しかしマリーは乗り気ではなかったので、ブザンヴァルはさらに強気な態度に出た。一時トリアノンの集まりから距離を置き、不満を示したのだ。数週間後、マリーは楽しい集まりを明るく盛り上げてくれるブザンヴァルの不在を嘆き、ブザンヴァルは再び自分の意見を披露して説得した。政治に興味のない王妃は、仕方なくブザンヴァルの言う通りにした。「王妃は私の助言に従い、エギュイヨン氏を罰するよう動き始めた」。数時間後、王妃の近侍がブザンヴァルの部屋にメモを滑り込ませた。「私は策略を操る唯一の人間が誰か、国王に申し上げました。国王はエギュイヨン殿がご自分をないがしろにしているのではないかと疑い始めているので、この件に決着を付けてくださるものと、私は考えています」。事実、伯父モールパ伯爵*が介入する間もなく、エギュイヨンはヴェルサイユから二〇〇リュー離れた辺鄙なエギュイヨン公爵領に追放された。マリーは自分の力に大満足だった。「この追放は私の手柄ですわ」と嬉々として語り、モールパ一派

＊正確にはエギュイヨンの妻の伯母がモールパの妻に当たる

の敵意を買った。自分の力を過信した彼女は、内閣改造に興味を示した。特に宮内大臣ラ・ヴリリエール公爵を更迭して、自分に近いアントワーヌ・ド・サルティーヌを就けられたら、出費についてあれこれと言う者がいなくなってどんなにいいだろう。*

「当時、私はエギュイヨン殿を追放させたところだった。そのとき私たちは国王の戴冠式のためにランスにいた」とブザンヴァルは書いている。彼は王妃を通して望みを叶えられると確信し、今や無限の影響力を手にしたと有頂天になった。エギュイヨン公爵に対する策略で二人の距離は縮まった。この件で個人的に長時間話し合ったことも大きい。「私は王妃にとってこれほど危険な人間は遠ざけておくべきだと説明し、こうした状況は影響力を手にするための最初の一歩に過ぎないと心すべきことを指摘した。影響力を明らかにし確かにするためには、信用できる大臣を登用せねばならないと伝えた」。陰の権力者気取りのブザンヴァルは、ポリニャック夫人への寵愛を利用して、自らの目的を果たそうと考えた。軍隊を掌握した彼は海軍大臣をサルティーヌからカストリ〔カストル〕に、陸軍大臣を無能な（と彼が考える）モンバレー大公から親友のセギュールに替えることにした。カストリもセギュールもかつてはブザンヴァルの戦友であり、ショワズール派だった。もちろん王妃を説得するには、ヴォードルイユ伯爵を通してポリニャック夫

* これは実現しなかった

人に手を回してもらわねばならない。だが若きルイ一六世が頼りにする宰相モールパは大臣交代に反対で、ブザンヴァルは一歩間違えると破滅しかねない。政治に関わりたくないポリニャック夫人の無気力にも腹が立った。「私の言うことに彼女はずいぶんと無関心なようだったので、最初の話し合いで強い圧力をかけるのは妥当ではないと考えた」。だが強情な性格のブザンヴァルは、計画をあきらめるつもりなど毛頭ない。「何か月もが過ぎた。その間も私は絶えずポリニャック夫人を急かして、王妃に働きかけるよう仕向けた。王妃は、検討しますが、性急な行動は禁物ですと答えるばかりだった」

実はマリア゠テレジアからの指示を受けたメルシーがひそかに動いて、王妃が政治に介入したり、ましてや大臣の任命に口出ししたりしないように牽制していたのだ。これは王妃に対する影響力を巡る暗闘だった。メルシーは王妃に、「ポリニャック伯爵夫人や特にブザンヴァル男爵が軽率さや虚栄から、王妃の言葉を歪曲したり、自分たちや友人たちのために王妃の信頼を悪用したりして、繰り返し裏切りを働いた」事実を指摘した。王妃はためらいを見せ、ブザンヴァルはほぞを噛んだ。そもそも王妃もポリニャック夫人も、国事に介入するよりもトリアノンで安穏と遊んでいたいのだ。

だが意外なことにネッケルが介入して、サルティーヌが更迭されカストリが就任した。モールパは激怒し、ブザンヴァルは自分の手柄だと悦に入った。彼は国王とコンピエーニュで三日間過ごし、ヴェルサイユに戻るやポリニャック邸を訪ねて朗報をもたらした。「この報せがほかの方からお耳に入るようなことは避けたかったのです。かろうじてではありますが、国王はサルティーヌ殿の罷免を決意なさいました。明日、カストリ殿が海軍大臣に指名されるでしょう。王妃が説得されたのです」。彼はこの勝利に満足することなく、ポリニャック夫人に企みを吹き込み続けた。「王妃はこれでおしまいにするおつもりでしょうか。海軍大臣を任命されるほどの力を手にされたのですから、陸軍大臣も任命したいとお考えではないでしょうか」。そして戦いを再開し、勝利を目指して控えの間に通いつめた。ブザンヴァルはモールパはルイ一六世に、王妃の「取り巻きたち」が術策を弄していると糾弾した。モールパはモールパとの正面衝突を覚悟し、宮廷を去るつもりだと王妃を脅せとポリニャック夫人をけしかけた。「妃殿下が勝利されるか、モールパ殿か、皆が注目しています。負ければ大変な屈辱でしょう」とポリニャック夫人は王妃に訴えた。友人を手放したくない王妃は彼女を満足させるために、力ずくでセギュールを就任させようと考え、モールパのいる前で国王に叫ぶように懇願し、執務室は騒然となった。国王は譲歩し、王妃はモールパの方へ振り返ってこう言った。「ムッシュー、国王のご意向をお聞きになったでしょう。すぐに使いをやって、セギュール殿をお呼びなさい」。モールパは従うしかなかった。「これは、生涯で受けたもっとも手痛い一撃だった」と彼は回想している。このエピソードは、派閥争いが

――カストリやセギュールが大臣として有能な働きをしたことが事実としても――いかに国王周辺に分断をもたらしたかを物語っている。ブザンヴァルがこの一連の出来事で重要な役割を演じたことも明らかだ。ただし彼には、個人的利害や宮廷社会における競争以外に関心はなかったが。

ヨーゼフ二世はブザンヴァルや「ジュール伯爵夫人」に操られて大臣を任命したり罷免したりする王妃に宛てて、かつてないほど憤怒に燃えた手紙を書いた。「妹よ、大臣をやめさせたり、領地に追放したり、省庁を誰それに割り当てたり、（中略）国政に割り込んだり、あなたのお立場にふさわしくない言葉を使ったりと、一体何のおつもりです？　どんな権利があって、政府やフランス王室の問題に干渉するのか、一度でも考えたことはありますか？　あなたがどんな勉強をしたというのです？　あなたの意見や思考が何かの――とりわけ広範な見識が必要とされる問題に――役に立つなどと厚かましくも考えるだけの、どんな知識を身につけたのです？　若く感じのよいあなたは軽薄なことや娯楽ばかりを追いかけ、一か月に一五分も本を読んだり人の話を聞いたりせず、深く考えることも熟慮することも、自分の言動が及ぼす影響に思いを致すこともないのではないですか？　あなたはその時の印象だけで行動し、あなたが庇護し信頼している人々から伝えられる言葉や議論だけに従っているのです」。確かにその通りではあるが、マリーにしてみればあまりに屈辱的だった。ヨーゼフ二世は妹に冷たい視線を向け、ポリニャック夫人やブザンヴァルを筆頭とする王妃の取り巻きをはなはだ軽率と見なし、彼らへの軽蔑を隠そうともしなかった。兄の指摘は手厳しかった。耳触りのいい嘘という飲み物は一気に飲めても、苦い真実は一滴ずつしか飲み込むことができない。

彼女はこうした叱責に耳をふさぎ、相変わらず軽薄な毎日を送り続けたが、ブザンヴァルとの関係には変化が生じた。王妃は家族との不和の一因はブザンヴァルにあると考え、大臣の一件ではうまく操られたと悟り、宮廷人たちも男爵の影響は危険だと王妃に忠告した。ブザンヴァルへの王妃の寵愛はわずか数日で急落した。多大な寵愛を誇っただけに、失墜は惨めだった。「私はポリニャック伯爵夫人に、気付いた点を知らせた。夫人は私もあなたと全く同じ立場で、王妃の態度の変化に気付いたと言った。（中略）私は数日の間王妃に話しかけられないでいた。（中略）以降、王妃は内殿で私と一対一になることはなかった。相変わらず厚遇してくださったが、かつてあれほど人々の嫉妬をかきたてたような親切さがないことは明らかだった。好奇心旺盛で観察力に優れた宮廷人たちは、このわずかな違いを見逃さなかった」。年老いた遊び人は皮肉な視線に深く傷ついただろう。宮廷人としての彼の目論見は白日のもとにさらされた。数か月後、彼はリーニュ大公から「王妃が貴殿のことをずいぶんと話されました。周囲からずいぶんと貴殿の悪口を聞かされ、貴殿への印象を悪くされたのです」と知らされた。分別のある大公は、「人を憎んだり復讐しようとしたりするより、悪意を無視するのが一番です」と付け加えた。ブザンヴァルは信頼回復に集中することにした。

メルシーは大喜びして、「誰もが、ブザンヴァル男爵は王妃の寵愛を失ったと考えていますが、これは確かな事実でございます」と書いている。だが、またしてもメルシーは判断を誤った。ブザンヴァルは愚かではない。やり過ぎたと悟った彼は、宮廷での地位を保持するために進んで皆の前で過ちを認めた。「私は王妃が話す以上のことには首を突っ込まずに、一宮廷人として振舞うに留まった。王妃は私を宮廷人として完璧に遇してくださった」。そして、自らがどれほど王妃の娯楽に重要な存在であるかを見積もった。彼は知っていた。王妃は退屈から逃れるために手を差し伸べてくれる者ならば、過ちを犯しても赦してくれるのだ、と。政界での暗躍を狙っていたが、数か月間謹慎した今となっては、王妃の集まりの道化役に戻ることも厭わなかった。公にマリーの寵愛を取り戻したのは、一七七九年春に王妃が麻疹にかかったときのことだ[11]。彼がもはや表立って国事に関わることはない。少なくとも、復帰したばかりのトリアノンの集まりでは。政治への情熱は尽きなかったが、それを口にするのはもはや回想録の中でだけだった。それでも一度だけ、王妃の政治的姿勢が及ぼす影響を厳しく批判したことがある。原因は、彼女が毛嫌いしていた財務総監シャルル＝アレクサンドル・ド・カロンヌだった。カロンヌはルイ一六世の支持を得て大改革に乗り出そうとしていたが、王妃は彼の辞職を公然と希望した。[*] この件に関して、王妃はアルトワ伯爵やポリニャック一族と意見を異にしていて、ブザンヴァルは彼女の姿勢を批判した。この頃カロンヌは沈みゆく王政を救う最後の手段、名士会を招集したが、王妃は個人的な気まぐれからこれに反対しながらも、ブザンヴァルに偽善的に「私が反対しているですって？とんでもない！　私は中立の立場ですわ」と答えた。「けれどもこうした状況では、中立であること自体が問題なのです。マダム、国王の威光や不評は、妃殿下の名誉にも関わってくるのですよ」とブザンヴァルは述べたが、王妃は耳を貸さなかった。彼の見立ては正しかった。「カロンヌの罷免は国王の性格を浮き彫りにした。以降、名士会は際限なく要求を突き付け、抵抗した。思うに優柔不断な国王は、ストラフォード伯爵を犠牲にしたチャールズ一世と全く同じ立場にいた」と彼は述べている。[**] 数週間後のある午後、ブザンヴァルは王妃に腕を貸しながら再び意見した。「マダム、私はカロンヌ氏と親しいわけではありませんが、またとない素晴らしい構想をお持ちであることを認めないわけにはいきませんし、あえてこれを実行する人間離れした勇気をお持ち

* カロンヌは特権階級の免税特権の見直しをはじめとする税制大改革を構想していたが、王妃たちをはじめとする貴族の大反対に遭い、失脚した。ブザンヴァルはフランスの財政危機を理解しており、税制改革を支持していた

** 一七世紀イングランドの政治家ストラフォード伯爵は当初国王に反対していたが、のちに国王派に転ずる。その政策は専制的だったが、財政の強化も果たした。スコットランドとイングランドの争いが再燃し、イングランドが事実上敗北するに至って急進的進歩派から弾劾され、国王からも見放され、処刑された

です。（中略）カロンヌ氏が苦労を強いられている最中に罷免するような大きな失敗を犯さなければ、（中略）私たちもこうした厄介な状況には陥らなかったでしょう」と。だが、「こうした話は王妃のお気に召すようなものではなく、慌ただしく切り上げられた」

その後ブザンヴァルが王妃の寵愛を利用したのは一度だけ、ポリニャック夫人のためだった。一七八二年にゲメネ大公が派手に破産すると、ブザンヴァルはラ・ミュエット城に滞在していた王妃に、フランス王家の子女の養育係の職をゲメネ公妃からポリニャック夫人に移すよう願い出た。そんなことをしたらまた世間から何と言われるかと王妃は躊躇したが、ずる賢いブザンヴァルは雄弁に「別の者を指名されたら、妃殿下は親友を充分信用していないのだと言われることでしょう」と説得した。王妃は渋々承知したが、結果は惨憺たるもので、すでに大きく損なわれていた王妃のイメージはこの一件でさらに傷ついた。

以降、ブザンヴァルはもはや自分の支配力を試そうとすることもなく、王妃の娯楽の楽しいお供役に戻った。柔軟な性格の彼は、冷静になることを知っていたのだ。庭園に植える植物を選ぶ際に助言をしたり、トリアノンの王妃の小劇場で稽古の監督をしたり、夕べのゲームの相手をしたり、世間の最新情報を集めてきたり、宮廷ゴシップを面白おかしく語ったりした。そうした場面でも彼の影響力は限られており、皆無と言ってもいいほどだった。トリアノンの仲間たちが、ブザンヴァルの毛嫌いするボーマルシェの『フィガロの結婚』に肩入れしたときには、彼だけが、才能を感じさせるが秩序を乱すこの作品を非難した。彼の目には、哲学的精神は忌むべき危険としか映らなかったのだ。一七八四年四月の時点において、この作品の一般上演の禁止を国王に勧めたのは、ほぼブザンヴァル一人だった。彼からすれば、この作品は「わいせつな生地の上に刺繍された政府への攻撃であり、醜聞をますます悪化させる」。彼は王妃と、とりわけボーマルシェの友人であるヴォードルイユ伯爵に、この上演は危険であることを何とか理解させようと骨を折ったが、秘書デプレが述べているように、「耳を傾ける者はいなかった。ボーマルシェは極めて巧みに手を回したので、役者たちはジェンヌヴィリエのヴォードルイユ氏の劇場での試演を許された。（中略）ボーマルシェはブザンヴァルが反対派を率いていることをよく知っていて、慇懃無礼な短信を交わし合っていたが、ボーマルシェがつねに優勢だったわけではない」。『フィガロの結婚』を巡るこの一件で、ブザンヴァルはフランス独特の精神を糾弾し、「激しく鋭いひらめきが一気に強い印象を残すが、深い考察に欠け、主義がないので、一片の品位もない。〔フランス的精神とは〕最初に目に映る見かけばかりに気を取られて、状況が変化するように考え方も変わる」と述べている。

王妃への影響力は失ったものの、ブザンヴァルは少しずつ相談相手としての地位を取り戻し、熱心に敬意をもって相談に乗るまでになった。首飾り事件が発覚した一七八五年八月一五日の夜もそうだった。聖母被昇天を祝うこの日、国王がフランス宮廷司祭ロアン枢機卿をバスティーユに投獄するという前代未聞の展開となり、日が暮れると王妃はブザンヴァルやポリニャック夫人と共に部屋に閉じこもって、自分を陥れたこの腹黒い陰謀に涙を流した。ブザンヴァルが「王妃は、自分はダイアモンドが大好きだし、あの首飾りは確かに美しいけれども、自分にはとても手の届かない値段で、王の許可など下りるわけもなかったとおっしゃった。（中略）また、装飾品のために財政をますます圧迫しているなどと言われたくはなかったのだと語った」と述べていることから見て、彼らは以前も首飾りについて話題にしたことがあるのだろう。

ブザンヴァルは宮廷にほぼ常時滞在していたが、軍人としての務めもおろそかにせず、一七八〇年以降の一〇年間は首都圏（イル・ド・フランス）からメーヌ、オルレアネ、ベリー、ブルボネ、ソワッソネ、そしてトゥーレーヌまでの広域を指揮した。王権への反感が強まる中、一七八八年夏には悪天候が続き、食糧難が勃発した。ブザンヴァルは警視総監ティルー・ド・クローヌから、パリへ送られる穀物の安全を確保するよう命じられた。彼にとっては自らの組織力と疲れ知らずの活力とを示すまたとない機会であり、自分の管轄地域で輸送隊が通る各所をくまなく見て回った。「日中はパリが要求するように細心の注意をもって職務を遂行し、管轄地域との通信に奔走した。夜は夜で、パリ市民の生活に必要な小麦が確実に到着するよう、警視総監のもとで開かれる会合に出席した」。年老いても、若き日に戦場で見せたはじけるような快活さは少しも失われなかった。

＊＊＊

世情が荒れる中、ブザンヴァルは突如としてパリ防衛の最前線に立たされた。表向きは首都防衛は二人の人物に任されていたが、いずれも職務を果たせなかった。フランス衛兵隊で連隊長を務めるシャトレ公爵の無能ぶりは目も当てられないほどで、スイス衛兵隊の連隊長ダフリーは大事故が原因で落命した。ブザンヴァルは何の準備もないまま後任に指名され、気が付くと、外国人部隊の配置は民衆の敵意を一層煽っていた。

一七八九年五月、パリのフォブール・サン＝タントワーヌ地区で暴動が起き、壁紙店レヴェイヨンが略奪された。おろおろするばかりのシャトレ公爵を尻目に、ブザンヴァルはスイス衛兵隊を率いて鎮圧に向かった。彼らは容赦なく弾圧し、一〇名ほどの死者が出、扇動の容疑をかけられた者たちは絞首刑に処された。

パリ市民は拍手喝采し、ガヴァヌーア・モリス[12]は、「ブザンヴァル男爵が偉大なる司令官であることに異論はない。ご婦人方がそう言うのだから、反論するなど無謀である」と記している。

だが誰もが彼を新たな英雄と見なしたわけではない。ブザンヴァルは、パリとヴェルサイユでは思考回路が違うことに気が付いた。どうやらヴェルサイユ宮廷は、事の重大さを理解していないようだ。「パリでは称賛と感謝が雨あられと降ってきたが、ヴェルサイユでは違った。ヴェルサイユで私に満足の意を示した人は一人もなく、事件について話題にした人もいなかった」。宮廷とブザンヴァルには溝が生じ、アルトワ伯爵、ポリニャック一族、ヴォードルイユ伯爵率いる王妃の取り巻きたちは、治安回復に向けて強硬手段に出るべきだと主張した。こうした熱に浮かされたような意見に賛成しかねる良識的で実利的なブザンヴァルは、一団からのけ者扱いされた。炯眼な彼は、六月にヴェルサイユ宮殿に伺候して状況を理解した。「事件について話そうとする私に、アルトワ伯爵はいつもの大らかさや、私に会えたうれしさや、思っていることを吐き出したいというそぶりを見せず、困惑と抑制の入り交じった友情を示したことに私は気が付いた」

七月が近づくにつれ、パリ防衛を担当するフランス衛兵隊は不服従の態度を繰り返し見せたが、シャトレ公爵は手をこまねいているばかりだった。陸軍大臣ピュイセギュール伯爵は、忠実なことで知られるスイス連隊やドイツ連隊を首都周辺に結集させることにした。指揮を執ったのはブロイで、高名な老元帥なら一団を敬服させるだろうと期待された。元帥に再び仕える機会を得たブザンヴァルは、三〇歳も若返ったかのようだった。ドイツとの戦争を繰り広げていた時代に戻ったかと思われたが、気難しい老元帥には不安を覚えた。「彼は慢心に溺れ、自分が一言発すれば、パリは服従し、王権を回復させ、統治することができると信じていた」。ブザンヴァルは民衆がヴェルサイユに接近するのを阻もうとし、ブロイは大砲を備えた一隊をヌイイー橋、サン＝クルー橋、ムリノー通り付近に配置し、暴動が勃発したら攻撃せよと命じた。クラマールの高台には、ロレーヌ猟歩兵隊を配置した。しかしブザンヴァルは、当初からこの計画には反対だった。というのも計画では、必要に応じてパリを占領するのに大砲を配備した砲兵隊を送るのではなく、部隊を分散させたからだ。しかも昔ながらの地区の小さな通りでは、連隊が連携して行動することもできない。ブロイはヴェルサイユ周辺に部隊を次々と送り込み、宮殿敷地内のオレンジ用温室（オランジュリー）にまで部隊を配置し、ヴェルサイユで開催されていた三部会を震え上がらせた。パリでも事態は悪化する一方で、ブザンヴァルは「略奪を狙うろくでなし」や、主義を問わずもっとも金払いのいい側に加勢しようと目論む者たちがパリに続々とやってくる様を目にした。「混乱は刻一刻と増す一方で、私の困惑も深まるばかりだった。だがいかなる決議を支持すべきなのだろうか。（中略）ヴェルサイユ宮廷はこの耐え難い状況に私を放り出し、頑なに三〇万もの暴徒を不穏な群衆、革命を暴動と片付けている」

ブザンヴァルはスイス衛兵隊をはじめ外国の騎兵中隊を投入し、不満を募らせたパリ市民は彼らに投石した。七月一二日、ネッケル罷免の報せを聞いた彼は、ランベスク大公に指揮下のロワイヤル・ドイツ連隊をテュイルリー宮殿に派遣して、群衆を四散させるよう依頼した。この行動に市民は激高した。七月一四日、煮えきらない態度の政府に対し、自信を強める群衆が自らの決意を誇示した。廃兵院（アンヴァリッド）が襲撃され武器が奪われたが、シャン・ド・マルス広場にいた八〇〇名のスイス騎兵たちには何の命令も下されなかった。そのため、ブザンヴァルは近くのグルネル通りの自宅が報復に遭うのを恐れて何の手も下さなかったのだ、と非難する声が上がった。その数時間後、ド・ローネーが司令官を務めるバスティーユ牢獄が陥落し、腰の引けた司令官は虐殺された。「民衆を自分たちの力に目覚めさせ、宮廷に危険を知らしめた恐ろしい一日」とブザンヴァルは述べている。

彼は部隊をセーヴルに退却させ、全速力でヴェルサイユを目指し、一五日の午後遅くに到着した。ラ・ロシュフーコー＝リアンクール公爵は起きがけのルイ一六世にパリでの出来事を報告したが、詳細はブザンヴァルがやってくるまで明らかにされていなかった。「この忌まわしい一日の全体について、誰も国王に報告しようとはしなかった。（中略）国王は私からすべてのことを聞き、当時そしてその後にわたって災いを及ぼすすべてのことを知った」。暴徒は最初の勝利に酔いしれ、自分たちを抑えつけようとする国王の側近たちにますます威嚇的な態度を取り始めた。ルイ一六世は弟アルトワ伯爵やコンデ大公、ヴォードルイユ伯爵、ポリニャック一族たちを亡命させた。革命の扇動者たちはブザンヴァルを、王権を守るために革命に楯突く者の一人と見なし、出版物を通して激しく攻撃した。七月一二日から一四日にかけてパリで反動的な軍事作戦を展開したブザンヴァルは、民衆の憎悪の的となった。

八月初旬、マリー・アントワネットに後押しされたルイ一六世は、ブザンヴァルにスイスへ出発するよう命じた。だが王国中が好戦的となり、国境は厳しく監視されているため、危険な旅でもある。すでに七月二〇日を皮切りに虐殺される貴族も出、「大恐怖」*が始まっていた。ブザンヴァルはスイス衛兵の軍服を脱ぎ、より中立的なマレショーセ**の制服を着て、夜の闇にまぎれてヴェルサイユを後にした。だがその少し前に出発したポリニャックやヴォードルイユほどの運はなかったのか、翌朝パリ近郊プロヴァン周辺に到着したところ、ヴィルグリュイ村の旅籠で逮捕された。のちのヴァレンヌ逃亡事件でルイ一六世が村人に見破られたように、ブザンヴァルも旅籠の主人に疑われ、亡命貴族として逮捕されたのだ。しかも、国王が署名した公式許可書を持ってくるのを忘れていた。村長は、ヴェルサイユやパリ市からの正式な命令が届かない限り出発してはならぬと伝え、夜には彼をパリへ連行した。ルイ一六世が七月一六日に民衆の圧力に屈して国務に呼び戻したジャック・ネッケルは、同国人であるブザンヴァルのことを覚えていて、「彼にあらゆる自由を保障し、スイスへ帰国できるようにされたし」というメモを大急ぎで作成して、

* 107頁参照
** 警察に属する組織

解放した。「ネッケル氏は命の恩人だ。その政策や数々の失敗についての考えは変わらないが、それでも彼を敬愛し、感謝している」。助けの手が差し伸べられなかったら、おそらくブザンヴァルはあっさりと虐殺されていただろう。

だがいつまでも安心しているわけにはいかない。ネッケル復帰に激怒したミラボーは、パリのオラトワールとブラン＝マントー地区に手を回して当局に圧力をかけ、ブザンヴァルを再び逮捕させたからだ。彼は八月一〇日にかつて城塞だったパリ南東ブリー＝コント＝ロベール監獄に送られ、以前は代訴人で今は「城塞指揮官」となったブルボンの監視下に置かれた。「このブルボンは奇妙な男で、これほど愚かな見栄っ張りは見たことがない。（中略）向こう見ずな反乱分子で、長所と言えば大胆さだけだった」。圧力を受けた憲法制定国民議会は、ブザンヴァルを「国家反逆の捕虜」と宣言した。奇妙なのは、国王も王妃も荒れ狂った攻撃者から彼を救おうとしなかったことだ。ブザンヴァルの苦々しい次の言葉もあながち的外れではないのかもしれない。「王妃は近くに呼び寄せた者たちに配慮することはほとんどなく、すぐに関心を失った。彼らは寵愛の特権を享受することなく、その苦しさだけを味わわされた」。事実、マリーは友情を崇拝していたが、それがいつも長続きするとは限らなかった。ブザンヴァルは三か月拘束されたのち、一一月二九日夜、パリへ連行されシャトレ監獄に投獄された。ゾロトゥルン市はスイス人による裁判を要求したが聞き入れられず、ブザンヴァルは「国家反逆罪」の容疑で裁かれる最初の被告となった。議会はごく慎重で、ブザンヴァルを解放したりしたら、群衆がリンチを加えるのではないかと恐れた。歴史家ジャン゠ジャック・フィヒターが言うように、「ブザンヴァルのケースは革命司法に対する最初のテストであり、そのスケールは歴史的だ」。シャトレ監獄に面会に行ったガヴァヌーア・モリスは、「彼に対する訴えは馬鹿げているが、人民の手に委ねたら、いとも簡単に虐殺されてしまうくらいの威力はある」と記している。

裁判所は三つの告訴箇条を挙げた。パリで軍隊を指揮していた際に、六月二三日の御前会議で唱えられた「国民議会の自由を抑圧する」宣言を強制的に実行し、パリを恐怖に陥れようとしたこと。ランベスク大公に、武装してテュイルリー宮殿に入城するよう指示したこと。バスティーユ牢獄司令官ド・ローネーに、最後まで民衆に屈しないよう指示したことである。一点目はともかく、残りの二点は事実だった。弁護人はレイモン・ド・セーズ。三年後に革命裁判でルイ一六世を弁護することになる人物である。ブザンヴァルは告発者たちに、自分は公共の広場に軍隊を率い、その後国王の命令に従って退却したままでだと述べた。事実、反革命派は彼を、国王の命令を逆手にとって退却したと責めた経緯がある。

二〇〇名近い証人が出廷し、そのほとんどはいわゆる反革命的行動――パリ包囲と砲撃、パリ市民の虐殺、国民議会の議場下に火薬樽が置かれたなど――が計画されていたという点で一致していた。だがブザンヴァルに不利な証拠資料は一つしかなかった。それは彼が大急ぎで書きなぐって署名した一通のメモだ。そのメモがどのようにしてサン゠ジェルヴェ地区の評定官ダングリーの手に渡ったかは定かではないが、「ド・ローネー殿は最後の最後まで戦います。私は充分な援軍を送りました」とある。ブザンヴァルは、自分は大臣の命令に従ったまでだと弁明したが、これは事実だった。

結局具体的な証拠は一つとしてなく、命令に従った軍人をこれ以上追及することもできなかった。だが今や世は世論に支配され、その世論は「人道に対して」陰謀を企てた容疑者に狂ったような怒りを向けていた。一七八九年一一月二一日から翌年一月二一日まで、極度に張り詰めた空気の中四回の公判が開かれ、外では群衆が「ブザンヴァルを縛り首に!」と叫んでいた。シャトレ裁判所の判事は態度を決めかね、当事者たちの意見も分かれた。革命家マラーは自らの発行していた新聞『人民の友』で、シャトレ裁判所の躊躇は裏切りであり、判事たちは「宮廷に買収された」背任者たちであると糾弾する一方、自由思想の信奉者たちの中でも、ブザンヴァルに同情を示す者もいた。ネッケルに続きリュイーヌ公爵、ラ・ロシュフーコー゠リアンクール、ラ・ファイエットさえも、ブザンヴァルへの支持を公に表明した。投獄されている彼のもとを友人たちが次々と面会に訪れ、多くの有力者たちの支持に判事たちは心穏やかではなかった。

セーズの弁護、さらに上官を弁護しようとスイス衛兵や下士官たちが議会に送った署名が功を奏し、一七九〇年三月一日、シャトレ裁判所はブザンヴァルにすべての起訴についての無罪放免を言い渡し、大きな不満を抱いた民衆は出獄したブザンヴァルに罵声を浴びせた。幸いなことにスイス衛兵たちがグルネル通りの邸宅まで意気揚々と保護してくれたため、リンチは免れた。「この時、私の胸には、それまでのいかなる場面でも味わったことのないような感情がわき起こった」と彼は述べている。一緒に投獄されていた王党派の一人は、ブザンヴァルほど幸運ではなかった。「ファヴラ侯爵は逮捕され、ブザンヴァル氏と同じ房に入れられていた。民衆はひどく血に飢えており、侯爵はその犠牲となって絞首刑に処された。ラ・ファイエットが指図したこの処刑により、ブザンヴァルは救われたのだ」とエステルアジ伯爵は述べている。

一連の事件で、ブザンヴァルの特徴である楽観主義は大きく揺らぎ、健康も損なわれた。年老いた伊達男はもはや自身の影でしかない。最後の引見でも、気分が優れずめまいがした。心臓を病み、何度も失神しては周囲を心配させた。ヴェルサイユからテュイルリー宮殿に移った宮廷に伺候を続けたが、時代は変わり、美しいトリアノンでの安穏とした生活は過去のものとなった。宮廷に伺候するブザンヴァルは王室に忠実な僕(しもべ)として丁重に遇されていても、人々のよそよそしい態度から、自分はもはや過ぎ去った時代の人間なのだと思い知らされた。彼は訴訟の件で国王一家を巻き添えにしたくないとの気持ちから、王家から距離を置き、フランスを去ってゾロトゥルンで体力回復に専念しようと考えた。宮廷の友人たちとは手紙のやり取りを続け、親戚のロール男爵――のちに反革命運動で重要な役割を担うことになる人物――からスイス衛兵隊の近況も聞いていた。

必死の努力にもかかわらず体力の衰えは止められなかったが、上機嫌で快活な人柄は変わらなかった。スイス人よりもフランス人に近い彼はパリから長い間離れていることなどできず、革命の嵐が吹き荒れる中帰京した。彼が息を引き取ったのは一七九一年六月二日。その日の夜、二〇人ほどを夕食に招いたが、息も絶え絶えに疲労しきっていたため、中座しなくてはならなかった。招待客の一人、ヴィクトール・ド・ジブランによれば、ブザンヴァルは招待客に挨拶をするのが精一杯だったそうだ。「皆さまをお招きしたのは、かつての司令官の幻影でございます」。部屋に運び込まれた彼は、その数時間後にこの世を去った。その三週間後、マリー・アントワネットとルイ一六世は逃亡を図り、ヴァレンヌで逮捕された。ブザンヴァルは王政の最後の輝きを享受し、鮮やかな才気で華を添えたが、王室の瓦解を見ることはなかった。

友人で作家のクロード＝プロスペール・ド・クレビヨンに宛てて、彼はこう書いている。「私は悲しみというものをほとんど味わいませんでした。誠実な廷臣が期待しうるあらゆる楽しみに与り、こうした喜びは私を極端な情熱の酔いから守ってくれました」。これに対し、クレビヨンはこう返信した。「貴君はご自分で考えているよりも、一〇〇〇倍もの価値を持っていらっしゃる点を自覚なさることです。貴君は生まれつき非常に優れた気質をお持ちです。その素晴らしい長所に加え、世の経験から得た利点もお持ちです。貴君は私の男爵であり、快くかつ確かな美質を尊敬し愛するすべての者の男爵なのです！」

（下巻に続く）

◆著者

エマニュエル・ド・ヴァリクール（Emmanuel de Valicourt）

1965年生まれ。パリ・カトリック大学講師。革命前のフランス社会を専門とする。ルイ16世の大臣シャルル＝アレクサンドル・ド・カロンヌの伝記*Calonne : La dernière chance de la monarchie* を著わし、高く評価された。

◆訳者

ダコスタ吉村花子（よしむら・はなこ）

翻訳家。明治学院大学文学部フランス文学科卒業。リモージュ大学歴史学DEA修了。18世紀フランス、アンシャン・レジームを専門とする。主な訳書にジャック・ルヴロン『ヴェルサイユ宮殿 影の主役たち：世界一華麗な王宮を支えた人々』、アラン・ド・ボトン、ジョン・アームストロング『美術は魂に語りかける』、エブリン・ファー『マリー・アントワネットの暗号：解読されたフェルセン伯爵との往復書簡』、ピエール＝イヴ・ボルペール『マリー・アントワネットは何を食べていたのか：ヴェルサイユの食卓と生活』などがある。

◆カバー画像

《白いペチコートに青いベルベット・ドレスのマリー・アントワネット》、ヴィジェ＝ルブラン、1788年頃、ヴェルサイユ宮殿美術館、Heritage Image Partnership Ltd / Alamy Stock Photo

マリー・アントワネットと５人の男

上

宮廷の裏側の権力闘争と王妃のお気に入りたち

●

2020 年 10 月 25 日　第 1 刷

著者……………エマニュエル・ド・ヴァリクール

訳者……………ダコスタ吉村花子

装幀……………村松道代

発行者……………成瀬雅人

発行所……………株式会社原書房

〒 160-0022 東京都新宿区新宿 1-25-13

電話・代表　03(3354)0685

http://www.harashobo.co.jp/

振替・00150-6-151594

印刷……………シナノ印刷株式会社

製本……………東京美術紙工協業組合

ISBN 978-4-562-05796-2, printed in Japan